Gestão de projetos

COLEÇÃO ◾ PRÁTICAS DE GESTÃO

Série
Gestão

Gestão de projetos

Hermano Roberto Thiry-Cherques
Roberto da Costa Pimenta

FGV | EBAPE EDITORA IDE • online

Copyright © 2013 Hermano Roberto Thiry-Cherques, Roberto da Costa Pimenta

Direitos desta edição reservados à
Editora FGV
Rua Jornalista Orlando Dantas, 37
22231-010 | Rio de Janeiro, RJ | Brasil
Tels.: 0800-021-7777 | 21-3799-4427
Fax: 21-3799-4430
editora@fgv.br | pedidoseditora@fgv.br
www.fgv.br/editora

Impresso no Brasil | Printed in Brazil

Todos os direitos reservados. A reprodução não autorizada desta publicação, no todo ou em parte, constitui violação do copyright (Lei nº 9.610/98).

Os conceitos emitidos neste livro são de inteira responsabilidade do(s) autor(es).

1ª edição — 2013; 1ª e 2ª reimpressões — 2015; 3ª reimpressão — 2017.

Revisão de originais: Sandra Frank
Projeto gráfico: Flavio Peralta / Estudio O.L.M.
Diagramação: Ilustrarte Design e Produção Editorial
Revisão: Aleidis de Beltran e Fatima Caroni
Capa: aspecto:design
Imagem da capa: © Lucadp | Dreamstime.com

Ficha catalográfica elaborada pela
Biblioteca Mario Henrique Simonsen/FGV

Thiry-Cherques, Hermano R.
    Gestão de projetos / Hermano Roberto Thiry-Cherques, Roberto da Costa Pimenta. –Rio de Janeiro : Editora FGV, 2013.
    96 p. – (Práticas de gestão. Série Gestão)

    Inclui bibliografia.
    ISBN: 978-85-225-1344-4

    1. Administração de projetos. I. Thiry-Cherques, Hermano R. II. Pimenta, Toberto da Costa. III. Fundação Getulio Vargas. IV. Título. V. Série.

CDD – 658.404

Sumário

Apresentação 7

Capítulo 1. Identificação 9
    Definindo o projeto 9
    Identificação da demanda 19

Capítulo 2. Visão geral dos projetos 25
    Matriz lógica 25
    Metas 28

Capítulo 3. Rede 33
    Duração 33
    Atividades 34
    Cronograma 45
    Delineamento de tarefas (*job design*) 48
    Orçamento 54
    Recursos humanos 61

Capítulo 4. Documento do projeto 63
    Integração 63
    Externalidades 67
    Cálculo da depreciação 69
    Cronograma de investimentos 72
    Controle de performance 83
    Fechamento do projeto 90

Bibliografia 91

Sobre os autores 93

Apresentação

A Fundação Getulio Vargas (FGV) foi fundada em 1944 com o objetivo de contribuir para o desenvolvimento do Brasil, por meio da criação e da difusão de técnicas e ferramentas de gestão. Em sintonia com esse objetivo, em 1952 a FGV, comprometida com a mudança nos padrões administrativos do setor público, criou a Escola Brasileira de Administração Pública (Ebap). Em seus mais de 60 anos de atuação, a Ebap desenvolveu competências também na área de administração de empresas, o que fez com que seu nome mudasse para Escola Brasileira de Administração Pública e de Empresas (Ebape).

A partir de 1990, a FGV se especializou na educação continuada de executivos, consolidando-se como líder no mercado de formação gerencial no país, tanto em termos de qualidade quanto em abrangência geográfica dos serviços prestados. Ao se fazer presente em mais de 100 cidades no Brasil, por meio do Instituto de Desenvolvimento Educacional (IDE), a FGV se tornou um relevante canal de difusão de conhecimentos, com papel marcante no desenvolvimento nacional.

Nesse contexto, a Ebape, centro de excelência na produção de conhecimentos na área de administração, em parceria com o programa de educação a distância da FGV (FGV Online) tem possibilitado que o conhecimento chegue aos mais distantes lugares, atendendo à sociedade, a executivos e a empreendedores, assim como a universidades corporativas, com projetos que envolvem diversas soluções de educação para essa modalidade de ensino, de *e-learning* à TV via satélite.

A Ebape, em 2007, inovou mais uma vez ao ofertar o primeiro curso de graduação a distância da FGV, o Curso Superior em Tecnologia em Processos Gerenciais, o qual, em 2011, obteve o selo CEL (teChnology-Enhanced Learning Accreditation) da European Foundation for Management Development (EFMD), certificação internacional baseada em uma série de indicadores de qualidade. Hoje, esse é o único curso de graduação a distância no mundo a ter sido certificado pela EFMD-CEL. Em 2012, o portfólio de cursos Superiores de Tecnologia a distância diplomados pela Ebape aumentou significativamente, incluindo áreas como gestão comercial, gestão financeira, gestão pública e marketing.

Cientes da relevância dos materiais e dos recursos multimídia para esses cursos, a Ebape e o FGV Online desenvolveram os livros que compõem a Coleção Práticas de Gestão com o objetivo de oferecer ao estudante – e a outros possíveis leitores – conteúdos de qualidade na área de administração. A coleção foi elaborada com a consciência de que seus volumes ajudarão o leitor a responder, com mais segurança, às mudanças tecnológicas e sociais de nosso tempo, bem como às suas necessidades e expectativas profissionais.

Flavio Carvalho de Vasconcelos
FGV/Ebape
Diretor

www.fgv.br/ebape

Capítulo 1

Identificação

Neste capítulo identificaremos primeiramente os conceitos básicos que definem um projeto para, em seguida, compreendermos de que forma esses conceitos devem ser aplicados tecnicamente na elaboração e análise de projetos no contexto atual. Veremos, ainda, que todo projeto surge para resolver um problema central, definido ainda na etapa de configuração. Analisaremos o conceito de demanda e o seu foco na determinação do volume de bens e serviços passíveis de absorção por clientes e usuários.

Definindo o projeto

Definimos como projeto uma organização transitória, que compreende uma sequência de atividades dirigidas à geração de um produto ou serviço singular em um determinado período.

Termos-chave

A definição de projeto contém uma série de *termos-chave* essenciais que precisam ser compreendidos:

Objetivo	Um objetivo, um projeto. Essa é uma regra básica. O projeto deve ter um, e só um, objetivo – um resultado, *output*, saída, produto ou como se queira – claramente identificável em termos de custos, prazos e qualidade.
Transitório	Um projeto tem um ciclo de vida predeterminado, com um começo e um fim. Extingue-se quando o seu objetivo é atingido.
Singularidade	Um projeto é um empreendimento único, não repetitivo.
Complexidade	Um projeto é um compósito articulado de ações – as atividades do projeto – que se dão tanto linearmente quanto em paralelo.

No momento, devemos notar que os termos-chave da definição de projetos se opõem aos termos-chave que caracterizam as organizações em geral. Assim:

- transitório se opõe a permanente;
- sequência de atividades se opõe a conjunto de atividades;
- um produto ou serviço singular se opõe a produtos e serviços;
- em um tempo dado se opõe a qualquer momento.

O projeto possui um ciclo com as seguintes etapas:
- *elaboração* – tem como escopo a preparação para as outras etapas;
- *administração* – engloba os conhecimentos, habilidades, ferramentas e técnicas necessários à condução de um projeto devidamente configurado;
- *avaliação* – compreende a monitoração, a análise e o julgamento.

> **COMENTÁRIO**
> A administração do projeto não deve ser confundida com a administração por projetos, que é uma variante da administração por objetivos, na qual as operações da organização são conduzidas como projetos.

Um projeto está bem-elaborado se e quando for administrável e passível de avaliação.

Um projeto estará bem-configurado, se e quando a descrição das atividades a serem desenvolvidas, dos objetivos a serem alcançados, do tempo e dos recursos requeridos, bem como as condições de gestão puderem ser monitoradas, analisadas e julgadas positiva ou negativamente.

Assim, ao iniciar um projeto, deve-se aplicar uma série de convenções e de técnicas no sentido de:
- esclarecer sobre a sua inserção no contexto em que terá lugar, isto é, sobre as relações entre o projeto e a economia, a sociedade, as organizações etc.;
- definir o foco, isto é, as finalidades, o objetivo, o produto e/ou o serviço a ser gerado;
- estabelecer a sequência das atividades a serem desenvolvidas;
- estimar a provisão e o uso dos recursos e os custos a eles associados;
- cuidar da sua apresentação para que possa ser compreendido e aceito.

As razões que nos levam a lançar um projeto são variadas e se referem:
- à demanda dos mercados;

- às estratégias econômicas;
- às necessidades administrativas;
- ao atendimento a clientes e públicos;
- à atualização tecnológica;
- ao acatamento de alguma legislação.

> **COMENTÁRIO**
> Deve-se enfocar o projeto no sentido de dar uma resposta apropriada ao que provocou a necessidade de sua configuração.

Em termos gerais pode-se dizer que modelamos projetos para dar uma resposta estratégica a um desafio. Todo projeto surge para resolver um problema, o que quer dizer que, quando se pensa em configurar um projeto, isso é feito porque há um motivo para tal e esse motivo é o problema que lhe dá origem.

> **CONCEITO-CHAVE**
> Identificar claramente o problema que se quer ver resolvido é, portanto, o passo essencial na configuração de projetos.

Em primeiro lugar, é importante definir o problema central a ser enfrentado, ter em mente a singularidade. A fórmula é: "um problema, um produto/serviço, um tempo, um projeto". Essa fórmula demonstra que dois ou três problemas irão gerar dois ou três produtos ou serviços e dois ou três projetos.

> **COMENTÁRIO**
> Um problema mal-identificado provoca dubiedades no decorrer do projeto, anulando sua razão de ser.

Quando isso acontece, quando em vez de um problema existem vários e, portanto, há vários projetos, deve-se individualizá-los claramente.

Não se deve confundir um problema com o que se supõe ser sua solução.

O problema que um projeto para obtenção de financiamento visa resolver não é a falta de dinheiro.

Ninguém, a não ser os dedicados à mendicância, pode justificar um pedido de financiamento alegando estar sem dinheiro.

Quando é preciso obter um financiamento, deve-se explicar por que e para que se pretende obtê-lo.

Invariavelmente o "por que" e o "para que" estão relacionados a um problema, a uma situação negativa que o projeto, obtidos os recursos, irá resolver. Quando se institui um novo negócio, solicita-se financiamento para uma reforma ou para a aquisição do estoque inicial ou para outra providência do gênero, porque o capital disponível não é suficiente. O problema não é a carência de dinheiro, mas a falta de um lugar ou de material para poder operar o negócio.

> **COMENTÁRIO**
>
> O problema não é a carência de dinheiro, mas a circunstância de que nos falta um lugar ou de que nos falta o material para poder operar o negócio.

Ao se configurar o projeto, deve-se explicar como o financiamento pretendido é o melhor caminho para superação dessa circunstância. É necessário explicar, ainda, como o empréstimo será pago ou justificar a aplicação do que for concedido.

Outro caso de mesmo gênero é o do aproveitamento de recursos. É frequente a montagem de um projeto para aproveitamento de recursos que sobram, oportunidades de financiamento e assim por diante.

Projetos desse tipo são elaborados de trás para frente, isto é, procura-se um problema que justifique gastar os recursos. Essa prática pode ser justificável, moral e tecnicamente, mas implica um esforço redobrado de modelagem. Uma vez configurado, o projeto será objeto de exame e avaliação, e as modernas técnicas de análise e avaliação acusam imediatamente fragilidades desse tipo.

> **COMENTÁRIO**
>
> Sempre se pode contar com a debilidade técnica ou com a fraqueza moral do avaliador, mas, nesse caso, para que se dar ao trabalho de aprender os conceitos e as técnicas?

Um problema não pode representar ausência de solução. Nem sempre é fácil distinguir um problema real de uma ausência de solução.

Um caso típico de problema fictício acontece quando se vê o que outros conseguiram e se deseja o mesmo, seja para si, seja para a empresa ou para o grupo. Nessas circunstâncias, é normal que as pessoas se deixem convencer de que lhes falta algo e, por isso, comecem a configurar um projeto que, geralmente, visa solucionar um problema que não existe.

O desejo de obter mais equipamentos – principalmente de informática –, de ter maior conforto, de usufruir mais serviços especializados ilustra essa situação.

Um teste prático para evitar essa armadilha é verificar como a ideia do projeto foi lançada. Se os termos: "seria bom que" e "eu bem que gostaria" foram usados, atingiu-se uma zona de perigo. É necessário verificar se existe um problema real a ser resolvido e se o que estamos projetando é o melhor caminho para resolvê-lo.

Uma parte significativa dos projetos apresentados aos órgãos de financiamento, sejam eles públicos ou privados, e mesmo projetos apresentados a órgãos internacionais, não resiste a esta questão, simplesmente porque não existe um problema ou porque o problema não é o que vai relatado. Em vez disso, o que anima o projeto é o desejo de obter uma máquina mais moderna ou, como é frequente no caso do setor público, de dar um destino a recursos sem serventia – recursos humanos inclusive.

> **COMENTÁRIO**
>
> Para evitar equívocos ocasionados por problemas fictícios ou pela ausência de soluções, é bom ter em mente que quem vai analisar a factibilidade da proposta irá se perguntar se o produto ou serviço que dá forma ao projeto pode ser alcançado de maneira mais eficiente do que está sendo proposto.

> **CONCEITO-CHAVE**
>
> O problema é uma questão proposta para que se lhe dê uma solução. É uma situação negativa ou de carência que o projeto irá superar.

As *questões-chave* a que se deve tentar responder antes mesmo de dar o primeiro passo na modelagem dos projetos são basicamente de quatro ordens:

Quais razões justificam o investimento na modelagem do projeto?
- maximização de rendimentos;
- novas oportunidades de mercado;
- novos públicos;
- resposta a pressões políticas;
- legitimação;

- novas barreiras de mercado;
- novas tecnologias;
- respostas a concorrentes;
- retração de mercados;
- retração de públicos;
- outras razões.

Quem exerce pressão para que o projeto seja modelado?
- clientes;
- concorrentes;
- fornecedores;
- organização matriz;
- organizações dependentes;
- outras organizações;
- reguladores;
- outros.

Que meios são utilizados para que essa pressão seja exercida?
- econômico;
- financeiro;
- legal;
- normativo;
- político;
- tecnológico;
- outros.

Qual o ambiente em que o projeto deverá ser modelado?
- adverso;
- favorável;
- em mudança;
- estagnado;
- otimista;
- pessimista;
- outros.

A etapa da configuração tem como foco a definição dos produtos ou serviços a serem gerados. É necessário lembrar que o projeto é identificado pelo produto ou serviço. Ao se definir o produto ou serviço a ser gerado dá-se, tecnicamente, sua modelagem. Como se vê, cada projeto está dirigido à geração de um produto ou de um serviço que visa resolver um problema específico.

A regra básica é "um problema, um produto/serviço, um tempo, um projeto". Para que as técnicas de configuração possam ser aplicadas, é fundamental que essa identificação seja clara.

É possível – e frequente – que o produto a ser gerado pelo projeto tenha serviços a ele associados, como a assistência técnica dada ao adquirente do produto. O mesmo vale para o serviço, por exemplo, quando se fornece o equipamento junto com um determinado serviço.

> **CONCEITO-CHAVE**
>
> O foco, o direcionamento do projeto deverá estar – sempre – voltado para o produto ou serviço específico.

Em alguns casos, a individualização do produto/serviço a ser gerado não apresenta maiores dificuldades. A discussão sobre o problema que o projeto visa resolver pode indicar imediatamente o produto/serviço a ser gerado. Em outros casos, principalmente devido ao número de produtos/serviços requeridos, é necessária uma discussão mais aprofundada para que possamos identificar o produto/serviço mais relevante ou cuja obtenção seja mais factível.

> **CONCEITO-CHAVE**
>
> O objetivo do projeto é o produto ou serviço que estará disponível quando o projeto estiver concluído. O objetivo do projeto muitas vezes é bem distinto do produto/serviço, outras vezes se confunde com ele.

Um projeto de intervenção em uma organização que tem como produto "a organização reestruturada" possui como finalidade última da reestruturação, o seu propósito, a diminuição de custos da organização. Mas o objetivo do projeto – reestruturar a organização – e o produto – organização reestruturada – são praticamente a mesma coisa.

> **CONCEITO-CHAVE**
>
> Em um projeto de cálculo de viabilidade, o produto será a viabilidade calculada, e o objetivo será verificar em que condições uma iniciativa é viável. Nesses casos, praticamente não há diferença entre produto/serviço e objetivo. A não ser pela forma de expressão. O importante é que o produto/serviço esteja bem claro.

Pode-se enganar ou fantasiar um pouco sobre objetivos, finalidades etc. O que não se pode é ter um produto/serviço difuso ou malcompreendido. Isso deve estar claro para todos e para os que irão administrar e avaliar o projeto. Do contrário têm-se prazos, atividades e custos difusos, o que, além de tecnicamente incorreto, está na raiz de projetos absurdos.

As técnicas de configuração de projetos simplesmente não se aplicam a produtos/serviços maldefinidos. Todo projeto encerra uma lógica, uma articulação interna, que, inevitavelmente, está presa ao produto/serviço. Há um truque útil para verificar se o produto/serviço está bem definido: ele deve sempre poder ser expresso no particípio passado (tal ou qual coisa estruturada, uma viabilidade calculada etc.). Isso significa que o produto/serviço deve expressar alguma coisa concluída, pronta.

Há vezes em que o produto/serviço e o objetivo não se confundem.

No caso de um projeto de pesquisa, o produto é indeterminado. Pode ser uma vacina, um remédio, uma prática cirúrgica etc. Nesse caso há que se optar pela duração como parâmetro, mas isso não significa que o objetivo também seja indeterminado. Pelo contrário, o objetivo no caso é bem claro: encontrar uma cura para a enfermidade.

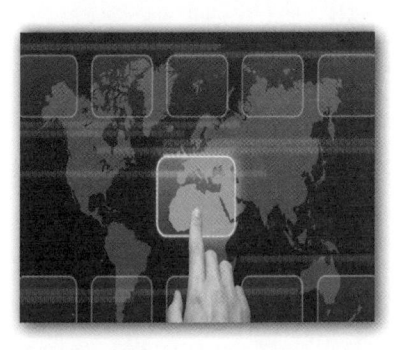

No caso hipotético de um projeto de aquisição de um sistema de software dedicado, o produto será o problema resolvido, por exemplo, a velocidade de processamento, enquanto o objetivo poderia ser algo como tornar uma fatia de mercado da concorrência.

Nem sempre é necessário aplicar uma técnica para definirmos o produto/serviço do projeto.

Há casos em que a definição de objetivos é imediata. Há casos, porém, em que o produto/serviço simplesmente não pode ser definido, isto é, existem projetos com produtos/serviços indeterminados. São casos excepcionais. Como se pode, por exemplo, precisar um produto para uma pesquisa que nem foi iniciada? Como definir o produto de uma pesquisa que visa descobrir um remédio, se nem se sabe se o remédio existe? Ou como definir o produto de uma escavação arqueológica se, ao final, pode-se não ter mais do que montes e montes de terra inutilmente deslocados?

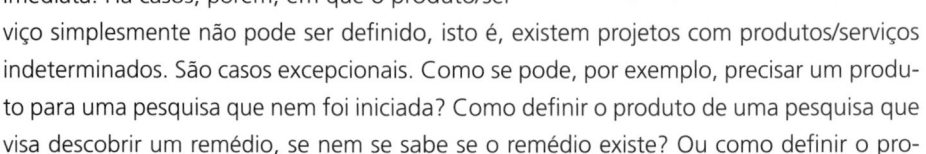

A resposta é simples: pela duração do projeto.

Os projetos de pesquisa médica são um bom exemplo. Na impossibilidade de precisar se e quando será encontrada a cura de uma enfermidade – a solução para o problema – e se o que se quer é configurar a pesquisa realmente utilizando os recursos técnicos da modelagem, deve-se voltar para a segunda condicionante dos projetos: a sua duração.

> **DICA**
> O que não se pode ter é um projeto sem problema e uma configuração que não indique prazos e custos.

Desconhece-se o resultado do esforço de pesquisa, mas pode-se perfeitamente atribuir um tempo máximo ao projeto e, a partir daí, configurar os recursos a serem utilizados, os custos envolvidos etc. Ao final desse período, o projeto – a pesquisa – estará concluído, tenhamos ou não obtido o medicamento.

> **COMENTÁRIO**
> O problema aqui não é a ausência de um remédio específico, uma vacina, por exemplo, mas a existência de uma enfermidade – uma situação negativa; não uma ausência de solução. A enfermidade talvez possa ser combatida com uma vacina, talvez não. Se a ausência da vacina for vista como problema, todas as outras soluções possíveis serão eliminadas, e o projeto fica inviabilizado.

Na definição de objetivos é importante distinguir a amplitude de propósitos a que o projeto se refere. Não existem regras universais para as denominações da amplitude dos objetivos. São convenções que variam bastante. A convenção que se adota distingue:

Finalidade
É o objetivo maior do projeto, isto é, o que será beneficiado ou modificado se e quando seu objetivo for atingido. Algumas convenções denominam a finalidade de propósito; outras, de objetivo maior ou objetivo amplo.

Objetivo
É aquilo que será alcançado quando o projeto estiver concluído. Algumas convenções denominam objetivo de propósito; outras, finalidade específica; outras, ainda, objetivo geral.

Metas
Para a maioria das convenções, as metas são objetivos intermediários quantificáveis. Algumas convenções denominam metas os objetivos intermediários ou subobjetivos.

> **COMENTÁRIO**
> Utilize preferencialmente o termo produto/serviço. O produto/serviço, que algumas vezes se confunde com o objetivo, é o termo menos impreciso entre as muitas convenções encontradas na literatura sobre projetos.

Entre os motivos mais frequentes para iniciarmos a configuração de projetos podem-se citar os seguintes:

- aproveitar incentivos e apoios governamentais;
- aproveitar oportunidades e incentivos de exportação;
- aproveitar oportunidades geradas por preços excessivamente altos de produtos e serviços;
- aproveitar recursos naturais;
- atender a demandas sociais (saúde, saneamento, educação, emprego, habitação, previdência social, lazer, segurança, defesa civil etc.);
- atender a uma prescrição legal;
- atender a demandas comerciais insatisfeitas;
- atualizar tecnicamente um serviço;
- atualizar tecnologicamente uma organização;
- demonstrar a viabilidade de um empreendimento;
- desenvolver ou adquirir um novo sistema;
- desenvolver um novo produto ou serviço;
- elaborar termos de referência para terceirizações;
- erigir um bem ou implementar um serviço;
- estabelecer sistemas de controle (ambiental, sanitário, financeiro etc.);
- exportar bens ou serviços;
- implementar parte de um plano ou de um programa;
- importar, adaptar, melhorar ou desenvolver tecnologias;
- investir setorialmente (agricultura, transporte, habitação etc.);
- levar a efeito uma campanha;
- melhorar a infraestrutura (água, energia, transportes, comunicações etc.);
- melhorar a qualidade de produtos e serviços;
- obter financiamento ou outro tipo de apoio para um empreendimento;
- orientar uma intervenção em uma organização;
- promover mudanças na estrutura, nos recursos ou no estilo de uma organização;

- quebrar situações de monopólio ou oligopólio;
- recuperar um bem ou serviço;
- substituir importações;
- transformar produção artesanal em produção fabril.

Identificação da demanda

O estudo da demanda determina quanto do produto/serviço gerado pelo projeto o mercado, o governo, as organizações não governamentais e outros agentes estariam dispostos a consumir.

Os passos que orientam a identificação da demanda do projeto são os que se seguem.

Antecedentes

É o histórico de geração e consumo do produto/serviço, relacionando-o com a localização e época do projeto. Sempre que possível os antecedentes devem ser apresentados sob a forma de séries estatísticas de origem e de consumo. Uma atenção especial deve ser dada à especificação do produto/serviço e à correlação com similares e substitutos.

Classificação do bem

Significa indicar a que classe de bens pertence o produto/serviço a ser gerado pelo projeto. A classificação dos bens refere-se, primeiramente, à forma, mais ou menos direta, como a demanda se manifesta.

EXEMPLO

Adquirimos alguns bens – como os alimentos – para satisfazer necessidades diretas. Outros – como um forno ou uma panela –, para nos permitir a produção de novos bens. Isto é, existem bens que são demandados diretamente e outros que o são indiretamente. Neste último caso estão os bens cuja procura é derivada da procura pelos primeiros.
A demanda por esses tipos de bens obedece a condicionantes diferentes.

A demanda por residências gera uma demanda derivada por cimento. Pode ocorrer, no entanto, que a demanda por residências decline e que o mesmo não ocorra com a demanda por cimento, que não serve só a um único propósito e pode estar sendo procurado para construção de barragens.

> **EXEMPLO**
>
> É inteiramente diferente configurar um projeto que tenha um produto/serviço destinado ao consumo imediato, como um evento artístico, e um projeto que vise a produção de um bem de grande durabilidade, como um projeto para a construção de um hospital.

A segunda forma em que os bens são classificados está referida à sua durabilidade. Alguns bens são de consumo imediato, como é o caso dos alimentos; outros, de consumo mais durável, como um forno ou uma máquina.

A frequência da produção e das aquisições, o perfil de consumo, as estratégias de produção etc. são tão diversos quanto diversas são as classes dos produtos/serviços gerados pelo projeto. Combinando as duas referências, tem-se a seguinte classificação para os bens:

Bens de consumo

Bens de consumo corrente, que são consumidos imediatamente, como alimentos e serviços médicos.

Bens de consumo durável, que são consumidos durante um prazo mais dilatado, como vestimenta e eletrodomésticos.

Bens de procura derivada

Bens intermediários, que são consumidos na produção de outros bens, como matérias-primas e serviços de terceiros.

Bens de capital, que servem para produzir outros bens, como equipamentos e edificações.

A procura por bens de consumo corrente é determinada pelas aspirações e necessidades dos consumidores, de forma que os fatores considerados no estudo da demanda devem compreender:

Para bens de consumo corrente

- a faixa de preço do produto/serviço a ser gerado;
- o percentual da renda que os eventuais consumidores estariam dispostos a gastar na aquisição do produto/serviço gerado pelo projeto;
- as motivações dos eventuais consumidores (produtos/serviços em moda, tradicionais etc.).

Para bens de consumo durável

- a faixa de preço do produto/serviço a ser gerado;
- os estoques desse produto/serviço em poder dos eventuais consumidores;
- as necessidades de reposição desses estoques (por exemplo: um eletrodoméstico, como a geladeira, tem uma vida útil determinada, isto é, há um momento em que não tem mais serventia e que deve ser reposta, se a renda do consumidor permitir;
- número de consumidores/usuários em potencial;
- a renda dos eventuais consumidores;
- as motivações dos eventuais consumidores (produtos/serviços essenciais, novos equipamentos, novas tecnologias etc.).

Para bens intermediários

- consumo aparente do bem;
- oferta e preços atuais;
- consumidores potenciais;
- projeções de crescimento do número de consumidores.

Para os bens de capital

- estoques existentes;
- oferta e preços atuais;
- consumidores potenciais;
- projeções de crescimento econômico setorial.

Demanda total

> **CONCEITO-CHAVE**
>
> Dependendo da área de atuação do projeto, a identificação de demanda total pode ter maior ou menor precisão.

Demandas por produtos industriais exportáveis, por exemplo, são objeto de estudos governamentais acurados e de fácil obtenção. No outro extremo, há casos como a demanda por um espetáculo artístico, por exemplo. Nesse caso, a demanda é determinada por informações imprecisas – os públicos de outros espetáculos no passado – e dados obtidos a sentimento, isto é, informações derivadas da experiência e da sensibilidade das pessoas envolvidas.

> **CONCEITO-CHAVE**
>
> Quando o produto/serviço a ser gerado pelo projeto é de consumo final, a demanda total é calculada tendo-se em conta o seu consumo aparente – definido pela oferta mais importações menos exportações.

Dados sobre consumo aparente podem ser obtidos junto a instituições financiadoras, agências governamentais ou órgãos setoriais e regionais. Para grande parte dos produtos/serviços de consumo final, deve-se recorrer a levantamentos, estabelecimento de séries históricas, extrapolações etc. Essa é uma parte importante de configuração dos projetos e dos seus custos. Para empreendimentos de grande envergadura, o que ocorre é que os estudos de mercado correspondem a projetos específicos, independentes, e que antecedem a configuração de projetos como os fabris, por exemplo.

Quando o produto/serviço a ser gerado pelo projeto é de consumo intermediário, vale dizer, é destinado a outras organizações e não ao mercado final, a demanda total é calculada tendo-se em conta:

- a procura pelos bens de consumo final em cuja produção são utilizados aqueles a serem gerados pelo projeto;
- a relação entre os bens de consumo final e o consumo do bem intermediário a ser gerado;
- a demanda conhecida do produto/serviço a ser gerado pelo projeto.

Preços

Deve-se relacionar os preços praticados para os produtos/serviços iguais, similares e substitutos daqueles a serem gerados pelo projeto.

> **CONCEITO-CHAVE**
>
> Sempre que possível, deve-se identificar a estrutura de custos dos concorrentes instalados, isto é, procurar estabelecer quanto do preço corresponde a custos de produção, ao transporte, à margem de lucro etc.

Clientes e usuários

É preciso estabelecer o perfil dos clientes e usuários potenciais para o produto/serviço a ser gerado pelo projeto.

A identificação de clientes e usuários corresponde à identificação da população consumidora em potencial.

Deve-se procurar esclarecer suas características, como a classe de renda, no caso de consumidores finais; tamanho, no caso de consumidores intermediários (como lojas), hábitos de consumo etc.

Outros fatores da demanda

Área	Delimitar a área geográfica a ser atendida. Essa delimitação é essencial para as configurações de tamanho e localização do projeto.
Demanda insatisfeita	Identificar se a demanda total conhecida ou estimada será atendida quando o projeto estiver concluído.
Nova demanda	Indicar se o produto/serviço gerado pelo projeto é novo e por que poderia ser absorvido.
Deslocamento	Verificar se o produto/serviço do projeto substitui bens e serviços oferecendo melhor qualidade, preço, tecnologia apropriada etc. e, portanto, se tem capacidade de deslocar os atuais geradores/fornecedores.

A análise da demanda provável deve oferecer resposta a duas perguntas fundamentais:

- Quanto do produto/serviço poderá ser absorvido pelo mercado ou pelo contratante do projeto?
- A que preços e condições?

DEMANDA PROVÁVEL

Potencialidade de aceitação no mercado. Quem são os possíveis compradores/contratantes dos produtos e/ou serviços.

À demanda provável, isto é, o que poderá ser absorvido em um determinado tempo e a um dado preço, deve-se acrescentar a *projeção da demanda*.

CONCEITO-CHAVE

A projeção da demanda é a determinação de quanto será demandado quando o produto/serviço estiver disponibilizado. Tecnicamente esse indicador é obtido pela extrapolação de tendências históricas (daí a importância da obtenção de séries estatísticas) e a sua correlação com as elasticidades de preço e de renda.

A demanda provável ou projeção da demanda é função também:
- das alterações na oferta e preços de insumos e recursos. Convém lembrar que, em certos casos, como no de tarifas públicas, essas alterações são previsíveis;
- das inovações tecnológicas;
- da expansão das organizações instaladas e instalação de novas organizações.

> **CONCEITO-CHAVE**
>
> Os principais elementos para projeção da demanda são o histórico do mercado e a capacidade instalada de geração do produto/serviço do projeto ou de seus similares.

Os componentes de análise são:
- a renda média necessária ao consumo do produto/serviço;
- a formação do mercado, isto é, como foi historicamente se implantando o fornecimento do produto/serviço ou de seus similares;
- as séries históricas de consumo para a área geográfica a ser abrangida pelo projeto (localização);
- o ritmo de crescimento da oferta do produto/serviço;
- as séries históricas das suas importações e exportações;
- os estoques existentes e as variações conhecidas no passado;
- a situação dos bens que podem ser substituídos pelos gerados pelo projeto;
- a situação dos bens que podem substituir os gerados pelo projeto;
- as vantagens fiscais e os incentivos existentes;
- os fatores limitativos para o consumo (legislação, saturação, renda etc.).

Os dados mais importantes, naturalmente, são os referentes ao consumo passado do bem ou serviço. As formas de projeção mais usuais a partir do consumo passado ou de qualquer das séries históricas mencionadas são:
- a projeção com base na taxa média aritmética da evolução dos valores encontrados no passado;
- o ajustamento da curva pelos mínimos quadrados – um método simples, facilmente encontrável em livros sobre estatística básica. Por esse método, os parâmetros definidores da curva são calculados de forma que a soma dos quadrados dos desvios entre os valores da função ajustada e os valores encontrados no passado seja mínima.

Capítulo 2

Visão geral dos projetos

Neste capítulo veremos como alcançar uma primeira visão geral da configuração de um projeto e identificar o momento da aplicação de um instrumento fundamental de configuração: a matriz de estrutura lógica. Para tanto, entenderemos o seu conceito e sua aplicação, enfatizando que a finalidade do projeto está relacionada a uma estratégia, a um plano estratégico ou a uma política de governo. Compreenderemos, ainda, o conceito de metas e de insumos como elementos necessários para que o objetivo possa ser alcançado e compreenderemos por que os indicadores nos dão informações valiosas sobre o projeto.

Matriz lógica

A matriz de estrutura lógica é um instrumento que aprofunda a visão geral do projeto e antecipa os demais passos da configuração. Ao se preencher a matriz, critica-se o trabalho feito anteriormente e ordena-se o que ainda resta por fazer.

> **CONCEITO-CHAVE**
> A matriz denuncia um problema mal-individualizado, um produto malcaracterizado, um objetivo maldefinido. Se isso acontecer, não há com que se preocupar. Por menos agradável que seja, voltar aos passos iniciais é a norma em configuração de projetos. A matriz de estrutura lógica tem recebido várias denominações: matriz lógica do projeto, matriz de regulação, resumo lógico do projeto etc. A sua utilização se tornou mandatária na configuração de projetos.

> **COMENTÁRIO**
> Qualquer que seja a linha de trabalho, a matriz – ou uma das formas da matriz – é utilizada como instrumento central de configuração.

A matriz de estrutura lógica é um gráfico que resume as condições gerais de um projeto e destina-se a:

- permitir uma visão imediata, não detalhada, do objeto, intenções e condições do projeto;
- fixar critérios e meios de verificação de recursos e metas;
- indicar as premissas e condições externas ao projeto.

	Matriz de estrutura lógica do projeto			
	Descrição	Indicadores	Meios de verificação	Pressupostos
Finalidades				
Objetivo				
Metas				
Recursos				

No sentido vertical a matriz informa sobre:

- *finalidade* – o objetivo global, a política em que o projeto se insere;
- *objetivo/produto* – o propósito do projeto. O que será alcançado quando o projeto estiver concluído;
- *metas* – os diversos produtos intermediários. Devem, sempre que possível, ser expressos quantitativamente;
- *insumos* – os recursos necessários à obtenção do produto.

CONCEITO-CHAVE

A matriz de estrutura lógica é um instrumento de verificação geral que pode, e deve, ser reformulado tantas vezes quantas forem necessárias.

No sentido horizontal, a matriz informa sobre:

- *uma descrição sumária do projeto*;
- *indicadores de desempenho*;
- *meios de verificação* – os instrumentos e documentos de aferição dos indicadores;
- *pressupostos* – situações e fatores externos que, estando fora do controle e influência do projeto, podem alterar sua condição de viabilidade.

A matriz de estrutura lógica é um instrumento de verificação geral que pode – e deve – ser reformulado tantas vezes quantas forem necessárias. O único método seguro para seu preenchimento é o de aproximações sucessivas, iniciando sempre da esquerda para a direita e de cima para baixo.

Finalidade	
Produto	
Metas	
Insumos	

Finalidade ⇨	Para alcançar esta finalidade deve-se gerar o seguinte
	⇩
Produto ⇨	Para gerar este produto devem-se alcançar as seguintes
	⇩
Metas ⇨	Para se alcançarem estas metas, são necessários os seguintes
	⇩
Insumos	

Inicia-se o preenchimento da matriz descrevendo sucintamente a finalidade do projeto. Procura-se, sempre que possível, relacioná-la a uma política vigente e a uma situação de consenso.

CONCEITO-CHAVE

A finalidade é aquilo a que o projeto serve. Em uma empresa, deve estar ligada a uma estratégia ou a um plano estratégico. No setor público, a uma política ou às políticas de governo, e assim por diante. A finalidade é necessariamente genérica, mas não abstrata, como é o caso da finalidade de um projeto, que pode ser descrita como "contribuir para a preservação do patrimônio etnográfico da cultura x... etc.".

COMENTÁRIO

É importante lembrar que o projeto deverá ser "vendido" e que um analista e um dirigente terão de aprová-lo.

Deve-se evitar descrever finalidades vagas, como: "contribuir estrategicamente para a missão da empresa" ou "permitir uma melhor estruturação do setor x..." ou "contribuir para a melhoria da saúde". É preciso haver precisão.

O objetivo/produto contribui para alcançar a finalidade. Ele descreve os efeitos esperados quando o projeto estiver concluído. Trata-se aqui de rever e precisar o que foi feito na definição do objetivo.

> **COMENTÁRIO**
> A documentação utilizada no processo de fixação da árvore de objetivos pode ser útil nesta etapa.

Metas

As metas são produtos intermediários que, combinados, devem ser suficientes para que o objetivo/produto do projeto seja alcançado. Elas irão constituir os indicadores de progresso e de consecução do projeto, razão pela qual devem, necessariamente, ser mensuráveis. As metas devem ser expressas em termos de volume, comprimento, grau, alcance, dimensão, tamanho, largura, altura ou qualquer medida que permita efetuar cálculos e comparações.

Idealmente, as metas devem obedecer ao seguinte perfil:

- *previsibilidade* – as metas devem ser uniformes tanto na forma em que são medidas quanto na descrição da qualidade do subproduto ou subserviço a ser alcançado;
- *mensurabilidade* – a dificuldade de mensuração de metas nos setores de serviços (intangíveis) pode ser superada por medidas indiretas, do tipo nível de satisfação do usuário, percepção dos públicos-alvo etc.;
- *responsabilização* – o responsável pelo cumprimento de cada meta deve ser nomeado.

> **CONCEITO-CHAVE**
> Os insumos são os recursos necessários para que cada produto intermediário possa ser alcançado e devem ser expressos em termos de recursos humanos, materiais, intangíveis e financeiros.

Muito embora a matriz reflita apenas uma visão genérica dos recursos a serem alocados ao projeto, ela é preparatória para a pormenorização das atividades. Isso quer dizer que, embora nessa etapa da configuração não seja necessário especificar cada recurso, quanto maior o rigor do preenchimento, tanto mais facilitadas ficarão as tarefas de detalhamento de atividades e de preparação do orçamento.

> **CONCEITO-CHAVE**
> Os indicadores devem se constituir em prova de que a finalidade, o objetivo e as metas foram alcançados.

Em termos gerais, os indicadores dão informações sobre:
- qualidade (especificação);
- quantidade;
- duração;
- grupo/instituição-alvo;
- local de realização.

> **CONCEITO-CHAVE**
>
> Os indicadores de insumos são as unidades de medida e as quantidades necessárias de um determinado recurso. Por exemplo: "x homens/hora de técnicos em conservação".

Indicadores de objetivos, correntes em projetos concorrenciais, são:
- alcance de fatia de mercados/públicos;
- novas demandas (mercados/públicos);
- satisfação do cliente/destinatário;
- tempo de resposta (o tempo de reação a uma demanda).

Um bom indicador deve ser:
- objetivamente verificável;
- essencial;
- diretamente imputável ao projeto;
- diferençável dos indicadores dos demais níveis.

> **EXEMPLO**
>
> Etapas necessárias à formulação de um indicador simples. O objetivo do projeto usado como exemplo foi "recuperar documentação musical":
> - *identificar indicador* – partituras recuperadas, ordenadas, catalogadas e arquivadas;
> - *quantidade* – número e dimensão das partituras;
> - *qualidade* – peças únicas, cópias, transcrições etc.;
> - *duração* – de X de maio a Y de agosto;
> - *local* – armário Z da igreja W.

> **CONCEITO-CHAVE**
> Os meios de verificação são as fontes de informação sobre os indicadores.

Os meios de verificação podem ser:

- estatísticas;
- observações;
- sondagens de opinião;
- entrevistas com beneficiários;
- documentos e publicações oficiais;
- jornais e revistas.

Os meios de verificação devem ser facilmente acessíveis e não devem onerar demasiadamente o projeto.

> **COMENTÁRIO**
> É imprescindível para a configuração do projeto que esses meios estejam claramente listados.

Os financiadores e patrocinadores de projetos costumam ser, com razão, extremamente severos. Isso porque, em muitos setores, grande parte do cumprimento das promessas contidas nas finalidades, objetivos e metas simplesmente não é passível de verificação. De um lado porque os meios de verificação são inexistentes, como no caso de estatísticas supostamente fornecidas por órgãos governamentais. De outro, porque os meios de verificação encerram custos que devem ser, mas usualmente não são, previstos no projeto, como no caso da repercussão em órgãos de imprensa, cuja verificação, a cargo de empresas especializadas, costuma ser bem dispendiosa.

> **CONCEITO-CHAVE**
> Os pressupostos são as condições necessárias e suficientes, externas ao projeto, para que a finalidade, o objetivo e as metas sejam alcançados e para que os insumos estejam disponíveis. Os pressupostos constituem uma das bases para análise de risco do projeto. Por isso, é preciso atenção para o caso em que o pressuposto seja impeditivo para o projeto como um todo.

Os pressupostos são deduzidos a partir dos itens anteriores, mediante respostas a questões que levam em conta fatores que possam impedir o alcance da meta ou a disponibilização de algum recurso.

Os pressupostos devem sempre ser expressos em termos positivos, e o grau de probabilidade de que o projeto ocorra deve fazer parte de sua descrição.

Duas atitudes podem ser originadas pela análise crítica dos pressupostos:

- a primeira, mais óbvia e menos rara do que se pensa, é o abandono ou modificação radical do projeto devido a barreiras detectadas nessa etapa de configuração. Pressupostos de alta probabilidade e negativos podem e devem determinar o abandono do projeto;
- a segunda é a inclusão de atividades que diminuam o risco de ocorrência de pressupostos desfavoráveis. Um exemplo disso é a inclusão de atividades "políticas", isto é, não essenciais ao projeto, com o fito de cativar audiências, formadores de opinião e autoridades.

Os pressupostos compreendem restrições e premissas. As restrições são fatores que limitarão as opções do projeto. Por exemplo, um orçamento predefinido, cláusulas contratuais, legislação etc.

As premissas são fatores cuja ocorrência é considerada necessária para fins do projeto. Por exemplo, a disponibilidade de um determinado recurso, uma autorização de instalação, *outputs* de outros projetos etc.

Os pressupostos, em linhas gerais, compreendem fatores como:

> **OUTPUTS**
> Resultados e/ou respostas apresentados por um sistema, meio, processador – eletrônico ou humano – a partir de variáveis previamente inseridas nesse sistema – *input*.

- acessibilidade, transparência etc.;
- ambiente e condições ambientais;
- capacitação, treinamento etc.;
- compatibilidade de componentes;
- confiabilidade;
- fatores culturais, geralmente de aceitação cultural do produto/serviço gerado pelo projeto;
- dinheiro, créditos e ganhos financeiros;
- informações, dados em bruto, bancos de dados etc.;
- fatores legais, principalmente no que se refere a autorizações, permissões e credenciamentos;
- manutenção, preservação e outros fatores de conservação de bens e do meio ambiente;

- qualidade;
- recursos humanos;
- segurança;
- tecnologia;
- tempo.

Capítulo 3

Rede

Este capítulo apresenta os passos técnicos para a construção de uma rede de atividades que, seguindo uma sequência lógica, fundamente os passos para a consecução do produto do projeto. O capítulo discute, ainda, a atividade como uma unidade básica do projeto, ou seja, uma ação ou uma conjunção de ações que, ao final, levem o projeto a alcançar os resultados pretendidos, com destaque para a importância de elaborar uma listagem de todas as ações a serem feitas em cada uma das fases e/ou dos subprojetos.

Duração

O projeto se define, primeiro, por seu produto/serviço; secundariamente, pela sua duração e; finalmente; pelos custos dos recursos que utiliza, de forma que a questão da duração tem um papel preponderante na sua configuração. O cálculo da duração e o planejamento do tempo envolvem uma série de tópicos essenciais à configuração do projeto. São eles:

Divisão das fases que compõem o projeto
Essa divisão representa a sequência lógica do projeto. Para determiná-la, devem-se avaliar as dimensões de cada etapa e, principalmente, o critério de separação entre as fases.

Montagem da rede de relações entre as atividades
Ao contrário do que se possa pensar, as atividades do projeto raramente se dão em uma ordem linear, de forma que as relações entre elas frequentemente consistem em redes intricadas de precedências e paralelismos.

Cálculo do uso ótimo do tempo
O que, em uma rede de precedências, pode ser bastante complexo, assim como as implicações que esse cálculo acarreta.

Cálculo das durações intermediária e final do projeto – as suas datas
Também costuma ser complexo.

> **COMENTÁRIO**
> O tempo faz parte do próprio conceito de projeto: "uma sequência de atividades que se dão em um tempo limitado".

Atividades

> **CONCEITO-CHAVE**
> A atividade é a unidade básica do projeto. Cada atividade é uma ação discreta, ou um congregado homogêneo de ações, que estão referidas à geração ou ao apoio à geração de uma fração do produto/serviço.

Na literatura técnica sobre projetos, algumas vezes "atividade" aparece como uma divisão de tarefas, isto é, a unidade principal é denominada "tarefa" e a secundária, "atividade". No entanto, na terminologia mais comum, e que se utiliza aqui, "tarefa" (*task*) aparece como divisão ou componente da atividade, sendo "atividade" a unidade básica do projeto.

O passo mais importante para o detalhamento do projeto é a definição das atividades.

Nessa etapa o objetivo é chegar a uma listagem de todas as ações a serem feitas em cada uma das fases e/ou dos subprojetos. Para definir as atividades é útil considerar os seguintes fatores:

- *completude* – uma atividade deve representar pelo menos uma ação completa;
- *descrição* – uma atividade deve poder ser descrita sucintamente;
- *limites* – os limites devem ser claros, tanto em termos de duração quanto de custos;
- *simplicidade* – a descrição da atividade deve conter uma ação (um verbo) básica. Deve-se estudar a conveniência de decompor a atividade em duas ou mais atividades toda vez que não pudermos defini-la utilizando um único verbo.

O procedimento usual nessa etapa é de listar livremente as atividades que pareçam necessárias ao projeto. O uso de técnicas de conclave, como o *brainstorming* pode ser útil. É recomendável tentar dispor as atividades aproximadamente na ordem em que devem acontecer.

> **BRAINSTORMING**
> Técnica utilizada para gerar ideias. Consiste em propor a um grupo a relação de todo tipo de associações que vierem à cabeça, sem nenhuma análise sobre sua pertinência, para avaliação posterior. Visa à solução de problemas em grupo, além do aumento da criatividade e da participação de todos os membros desse grupo.

Nessa etapa o importante é procurar não esquecer de relacionar nenhuma atividade, mesmo que a listagem pareça excessiva ou muito detalhada.

Partindo da listagem inicial, cada atividade deve ser descrita de forma a ser compreendida por quem venha a avaliar e a trabalhar no projeto.

A descrição não precisa, necessariamente, ser exaustiva, mas deve ser compreensível. Em outras palavras, deve ficar claro o que será realizado em cada atividade e como será feito.

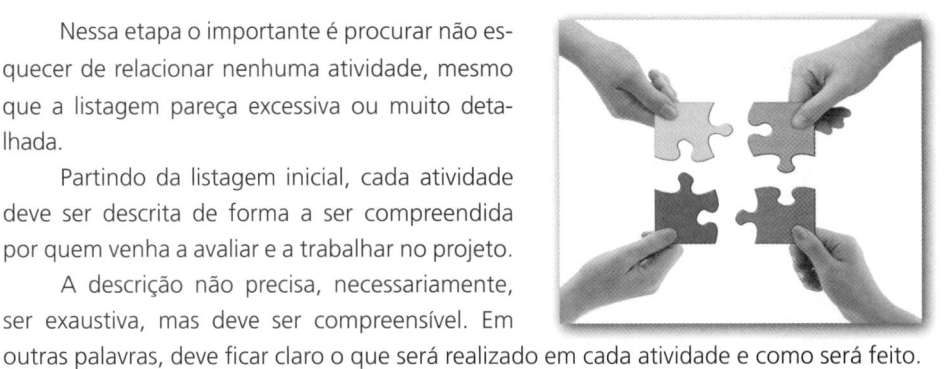

Detalhes técnicos podem ser omitidos, mas deve-se deixar claro se, para a realização da atividade, serão requeridos recursos especializados, principalmente recursos humanos.

EXEMPLO

É desnecessário explicar como uma peça ou um elemento de decoração será guindado, mas deve-se assinalar a necessidade de uma grua – que constará do plano de utilização de materiais, discutido mais adiante – e o concurso de um engenheiro mecânico e de um operário especializado – que constarão no plano de utilização de recursos humanos –, e assim por diante.

Para estimar a duração de uma atividade, podem-se obter informações:

- em memórias de projetos realizados anteriormente;
- em manuais técnicos ou de profissionais especializados – por exemplo, o tempo de maturação de uma cultura ou o tempo necessário para se erguer uma parede de tijolos;
- através de estimativas, mediante comparação com atividades similares.

COMENTÁRIO

Existem softwares que aceitam e calculam margens de erro na estimação da duração de atividades.

Na impossibilidade do uso dessas informações, os instrumentos de análise de decisão podem reduzir o risco envolvido ao se predizer o tempo necessário à realização de uma atividade.

Particularmente na utilização de softwares, é essencial que a duração das atividades obedeça a uma unidade padrão fixa (hora, dia, semana etc.).

Assim, se o padrão for dia de oito horas úteis e uma atividade tiver a duração estimada de duas horas, a notação deverá ser um quarto de dia etc.

Como as atividades do projeto usualmente envolvem trabalho, a estimativa da sua duração tende a ser imprecisa. A fórmula mais utilizada por profissionais de modelagem, para a estimativa de duração, é a seguinte:

$$Tp = \frac{a + 4m + b}{6}$$

onde:

Tp = a duração (tempo) ponderada para a atividade;
a = a estimativa de duração mais curta (otimista) para a atividade;
b = a estimativa de duração mais longa (pessimista) para a atividade;
m = a estimativa mais provável para duração da atividade.

Note que m não é uma média entre a e b, mas a média das estimativas. A distribuição de frequência tende a ser otimista ou pessimista conforme o tipo de atividade.

Atividades que envolvem trabalho em equipe ou que dependem de fornecimentos tendem a ser estimadas com maior folga. Atividades que envolvem uso intensivo de equipamento ou que são realizadas por uma só pessoa tendem a ser estimadas de forma mais otimista no que se refere à duração.

Projetos simples, com poucas atividades e fases, dispensam a construção e o cálculo de redes. Se esse for o caso, pode-se passar diretamente à elaboração do cronograma, constante no passo seguinte.

As atividades podem ser sequenciadas linearmente ou podem se sobrepor umas às outras. Isto porque existem atividades que podem ser realizadas em paralelo a outras, configurando-se em redes de relações.

Para projetos de envergadura maior, que excedam 15 atividades, a visualização da sequência para a economia interna do projeto, a elaboração de cronograma, o cálculo orçamentário etc. são imprescindíveis. Para projetos com 30 ou mais atividades ou para projetos em ambiente organizacional digitalizado, é recomendável a utilização de softwares especializados. Mesmo nesses casos aconselha-se a elaboração de um rascunho que oriente a alimentação dos quesitos requeridos pelos programas. Por esse motivo os passos necessários à montagem de uma rede básica, indicados a seguir, são obrigatórios para projetos de qualquer tipo.

> **CONCEITO-CHAVE**
>
> As técnicas de redes têm como objetivo reduzir a duração do projeto, racionalizando a sequência das atividades e eventos. As técnicas de rede foram desenvolvidas a partir da administração sistemática – a escola que antecede imediatamente a da administração científica do inicio do século XX – resultando em um esforço para tornar eficazes os sistemas de ferrovias no final do século XIX. Isso é feito mediante o cálculo dos tempos (a duração das atividades), considerando-se as superposições (atividades simultâneas) e o melhor aproveitamento dos recursos. As técnicas de redes também informam sobre os gargalos e as atividades-chave do projeto (atividades críticas) e são um poderoso auxiliar na coordenação de ações simultâneas.

As principais técnicas de rede são o Pert e o CPM. O Pert baseia-se em técnicas de redes utilizadas durante a II Guerra Mundial. Na forma atual, foi desenvolvido pela Marinha norte-americana para o planejamento e o controle do programa de mísseis Polaris, nos anos 1950.

> **PERT/CPM**
>
> Pert/CPM significa Program Evaluation and Review Technique e tem como objetivo relacionar as dependências entre tarefas com seus respectivos tempos de duração. Um dos benefícios do Pert é a possibilidade de detectar caminhos críticos do sistema (CPM – *critical path method*), ou seja, um subconjunto de atividades que determinam o tempo mínimo para o término de todas as tarefas.
>
> **II GUERRA MUNDIAL**
>
> Conflito iniciado em setembro de 1939, com a invasão da Polônia pela Alemanha nazista, comandada por Hitler. A Inglaterra declarou guerra à Alemanha, temendo novas invasões e o fortalecimento do império alemão. O conflito estendeu-se na Europa até maio de 1945, quando os soviéticos hastearam sua bandeira vermelha sobre o Reichstag alemão, em Berlim. A guerra continuou no oceano Pacífico até setembro de 1945, quando o Japão rendeu-se incondicionalmente, após os lançamentos, pelos EUA, de duas bombas atômicas em Hiroxima e Nagasaki. Estima-se em 45 milhões o número de mortos na II Guerra Mundial. Desse total 20 milhões eram soviéticos, 6 milhões eram poloneses e 5,5 milhões, alemães. Também, cerca de 5 milhões de judeus, de várias nacionalidades, foram vítimas do genocídio nazista.
>
> **CONTROLE DO PROGRAMA DE MÍSSEIS POLARIS**
>
> Projeto que teve como objetivo prover mecanismos para melhorar o sistema de defesa norte-americano. Foi conduzido pela Marinha dos Estados Unidos durante o auge da Guerra Fria e aplicou novas tecnologias, tais como diferenciação da equipe, cooperação, disciplina, foco no resultado e inovação gerencial com a adoção da ferramenta Pert.

O CPM (*critical path method*) foi desenvolvido pela Du Pont, em 1956, para programação de novos produtos. O propósito da indicação do caminho crítico é o de encontrar um equilíbrio entre a duração total do projeto e seus custos.

O propósito básico das técnicas de redes é o de concluir o projeto no menor prazo possível e, consequentemente, com custos menores.

Para isso, constrói-se um diagrama de setas e nós, representando a sequência das atividades.

As atividades são retratadas pelas setas.

Os nós simbolizam os eventos, isto é, o início e o fim das atividades.

Quando as atividades são sequenciadas, isto é, quando uma atividade é causa de outra, o nó final da primeira corresponde ao nó inicial da segunda. Diz-se, então, que a segunda atividade depende da primeira. Já quando duas ou mais atividades ocorrem paralelamente, elas compartilham o mesmo nó final.

Sobre a rede assim construída são alocadas as durações (tempos) e calculadas as folgas e a duração total do projeto. Sobre a mesma rede podem-se calcular os custos parciais e global do projeto.

Os passos para elaboração da sequência do projeto são abordados a seguir.

Ordenação

A partir da listagem elaborada na etapa anterior, as atividades devem ser ordenadas de acordo com a sua sequência no tempo. A forma mais simples de executar essa operação é preenchendo uma matriz de atividades antes/depois, como a que segue:

Antes	Atividade	Depois
-	1	2, 3
1	2	5, 6, 7
1	3	
3, 5	....	
	n	

Na coluna central, copia-se a lista de atividades, numerando-as. Na coluna à esquerda, listam-se, separando por uma vírgula, as atividades que devem preceder cada uma das listadas na coluna central. Na coluna à direita, listam-se, separando por uma vírgula, as atividades que devem se seguir às listadas na coluna central.

As principais definições de redes (*network*) são:

- *atividade crítica* – uma atividade que não tenha folga e que, portanto, sofrendo um atraso compromete todo o projeto;
- *atividade fantasma ou de ligação* (*dummy activity*) – indica a dependência entre eventos sem que haja uma atividade real entre eles;
- *atividade* – conjunto de ações, realizadas por pessoas, que constituem a unidade básica do projeto. É a unidade básica do projeto. Cada atividade deve ter uma data de início e uma data de término conhecidas;
- *caminho crítico* (*critical path*) – é a sequência de menor duração do projeto; a que liga as atividades críticas;
- *data mais cedo* – é a data mais cedo para dar início a uma atividade sem que se altere a sua relação de dependência;
- *data mais tarde* – é a data mais tarde para dar início a uma atividade sem que se altere a data final do projeto;
- *evento* – início ou conclusão de uma tarefa. O evento inicial e o evento final marcam, respectivamente, o início e o término do projeto;
- *folga dependente* – é a margem que se dispõe, a partir da data mais tarde de uma atividade, para que ela seja executada sem alterar a data mais tarde da atividade seguinte;
- *folga livre* – é o atraso máximo de uma atividade sem alterar a data de início das atividades seguintes;
- *folga* – é a margem de tempo disponível quando se calcula a duração da diferença entre a data mais tarde e a mais cedo da atividade;
- *marcos* (*milestones*) – são pontos da rede que indicam ocorrências, como o momento em que o projeto chega à metade ou quando se apresenta um relatório. Podem ser entendidos como atividades de tempo igual a zero.

Duração do projeto

Até o advento dos softwares de projetos, os cálculos de rede Pert e similares, como o ROY, eram feitos à mão. Hoje em dia, isso seria absurdo. Na verdade, a maioria dos pacotes vendidos contendo "projetos" no título não passa de calculadores de Pert/CPM.

> **MICROSOFT PROJECT**
>
> Software desenvolvido pela Microsoft. É uma das principais ferramentas de gerenciamento de projetos disponíveis no mercado. Cobre todas as fases do projeto, permitindo tanto o planejamento como o acompanhamento da execução, incluindo o gerenciamento de equipes e materiais, além do controle de custo.

Programas, como o Microsoft Project, executam eficazmente todos os cálculos de durações, folgas, recursos etc. Indicam, inclusive, a melhor forma de alocação de recursos em função do caminho crítico.

Prestam-se, também, ao acompanhamento, além de aceitarem correções com facilidade, recalculando toda a rede em segundos. No entanto, os programas não são, ou *ainda* não são, autoalimentáveis.

É preciso fornecer ao programa a lista de atividades, a sequência em que devem ocorrer, as durações, os recursos e os custos correspondentes. A experiência tem demonstrado que, para a utilização máxima dos recursos de programação, o ideal é não iniciar sua alimentação até que se tenha pelo menos um rascunho da rede de relações, feita em papel.

A visualização da rede nos monitores é problemática (só pequenas porções podem ser visualizadas) e a alternativa alimentar → imprimir → corrigir → realimentar é mais lenta e menos eficaz do que a do procedimento tradicional de listar → diagramar → alimentar.

> **COMENTÁRIO**
>
> Os softwares realizam os cálculos básicos de programação linear e nos poupam dessa tarefa.

A quase totalidade dos programas dedicados a projetos limita-se ao desenho de redes e, a partir daí, à computação dos recursos necessários ao projeto.

A maioria dos softwares é de utilização amigável, mas para que se possa utilizá-los convenientemente é importante atentar para alguns pontos:

- pode parecer óbvio, mas nunca é demais ressaltar que nenhum software tem imaginação ou pensa;
- a idealização do projeto – que compreende basicamente os passos aqui descritos – deve estar concluída antes do preenchimento das telas dos softwares. Os instrumentos que interessam são os de configuração: rede, cronograma, relatórios de recursos e de custos. Ainda nesse sentido, deve-se ter em mente que, por motivos comerciais, os softwares oferecem uma quantidade imensa de recursos, cores, tabelas – todos muito atraentes, mas de pouca utilidade.

Os softwares são de uso múltiplo: servem tanto para configurar quanto para administrar e monitorar o projeto.

> **COMENTÁRIO**
>
> É importante não se deixar encantar por esses recursos que, em geral, ocasionam perda de tempo e, principalmente, tendem a complicar desnecessariamente a configuração do projeto.

Finalmente, a lógica limitada com que os softwares são construídos requer uma alimentação linear, em uma sequência determinada. Geralmente, a alimentação deve se dar na ordem: atividades – que, dependendo do programa, podem ser chamadas de tarefas (*tasks*) –, predecessores, recursos e custos.

O mais difundido dos softwares de utilização em configuração e administração de projetos é o MS Project, da Microsoft.

Para um melhor aproveitamento do software, recomendações prévias são essenciais:

- dê uma boa olhada no interativo que acompanha o software. Embora suas instruções não tenham um caráter de profundidade, é possível obter uma noção geral do seu funcionamento, o que pode ser bastante útil;
- certifique-se de que concluiu a ideação do projeto. Para tal verificação, percorra o caminho inverso do seguido até agora, revisando as técnicas utilizadas;
- o conhecimento das técnicas de modelagem de projetos é essencial para uma adequada utilização de softwares. Caso não domine essas técnicas nem tenha experiências anteriores na configuração de projetos, o usuário certamente terá pela frente maiores dificuldades a serem superadas. Ainda que isso não seja declarado explicitamente, os softwares são desenvolvidos a partir do pressuposto de que o usuário é hábil e competente na prática de configuração de projetos;
- não inicie o uso de nenhum dos instrumentos de configuração disponíveis no software, lançando informações diretamente na tela do micro. Faça, sempre, rascunhos e esboços preliminares. Uma noção prévia da quantidade de atividades, dos recursos a serem utilizados e do escopo das redes do projeto pode significar uma razoável economia de tempo e de energia;
- a totalidade dos softwares disponíveis no mercado foi desenvolvida para a configuração e a gestão de projetos cujo produto é bem-definido, como é o caso dos projetos de engenharia, em que as atividades e os recursos podem ser definidos com exatidão. É preciso maior atenção com os projetos cujo produto é intangível, como no setor serviços e de pesquisa, que podem acarretar maiores dificuldades de configuração;
- a configuração de projetos é uma prática de ajustes sucessivos e que, como tal, pode e deve ser revista sistematicamente. É recomendável, a cada alteração promovida, inserção de dados e instruções, salvar uma nova versão do projeto (ex.: P1, P1a, P1b etc.). Tal atitude permite a visualização de toda evolução da configuração do projeto, além de economizar tempo e evitar o retrabalho;

- certifique-se de que o futuro gestor do projeto saiba utilizar o software. É importante que, sempre que possível, ele possa participar do processo de modelagem;
- defina o tipo de unidades em que as variáveis do seu projeto deverão ser medidas (meses, dias, toneladas, pessoas atendidas etc.). A partir daí, siga, sem alterá-las, durante toda a etapa de configuração.

A lógica dos softwares baseia-se na fórmula:

$$\text{Duração} = \text{trabalho}/\text{recursos}$$

Na modelagem de projetos, o foco das atenções deve estar concentrado no equilíbrio dessas variáveis (duração, trabalho e recursos) que, combinadas, formam a base de análise de cada atividade e, por conseguinte, a cada alteração individual influem no conjunto de atividades que compõem o projeto. Esse mecanismo de ajuste é chamado *effort-driven scheduling*. É essencial esclarecer como essas variáveis são denominadas nos softwares. Utiliza-se aqui a nomenclatura do MS Project, o mais difundido software do mercado mundial.

> **EFFORT-DRIVEN SCHEDULING**
>
> Método padrão de agendamento do projeto, quando se atribui recursos a tarefas, no qual a duração de uma tarefa diminui ou aumenta conforme a adição ou redução de recursos, enquanto a quantidade de esforço necessária para completar uma tarefa continua inalterada.

Trabalho	É a quantidade de esforço despendido por um determinado recurso numa atividade, medido em unidades de tempo (horas, dias etc.). O trabalho total empreendido numa atividade é calculado tomando-se a soma de todas as unidades de tempo necessárias à conclusão da tarefa, independentemente do número de recursos utilizados.
Duração	É a quantidade de tempo entre o início e o fim da atividade. Normalmente difere do total de horas trabalhadas, vinculado à carga horária do recurso. Por exemplo, a duração de uma atividade pode ser de um dia, ou 24 horas, e a tarefa do recurso corresponder a oito horas de trabalho.
Recursos	Podem ser considerados quaisquer tipos de recursos. Os softwares distinguem os recursos unicamente pela forma como lhes são aplicadas as unidades de custo.

A estrutura dos softwares está baseada no equilíbrio simultâneo de seis variáveis que influem na configuração do projeto. Além das três citadas, o software faz interagir as que atuam diretamente sobre o conjunto de atividades que formam o projeto. São elas:

- escopo;

- tempo;
- recursos.

> **COMENTÁRIO**
> O equilíbrio de todas as variáveis influi diretamente no custo e no cronograma do projeto.

Devem-se inserir inicialmente na planilha todos os recursos que serão utilizados nas atividades do projeto. Com isso, o trabalho posterior de alocação de recursos em cada uma das atividades é facilitado.

Na planilha, é possível separar os recursos por grupos, por exemplo, "material de escritório", em que estarão agrupados: borracha, lápis, canetas, disquetes etc.

Também na planilha, há lacunas específicas para a inserção da quantidade total de recursos a ser disponibilizada para o projeto e o custo de cada recurso.

Os softwares enfatizam a gestão de projetos. Em vista disso, apresentam uma série de mecanismos que possibilitam a gestão de multiprojetos, para os quais estão especificamente destinados. A configuração padrão do MS Project, por exemplo, disponibiliza mecanismos inúteis para a modelagem. O melhor é desativar opções do tipo "as próximas tarefas serão controladas pelo empenho". Tal opção refere-se ao ajuste automático das tarefas de duração fixa ou unidades fixas, no caso específico de necessidade de incremento de recursos para, por exemplo, vencer um atraso no cronograma. Ainda para facilitar a atribuição de recursos, no campo "mostrar unidades de atribuição como", altere a configuração padrão de "porcentagem" para "decimal".

As unidades em porcentagem são mais adequadas ao uso compartilhado de recursos por diferentes projetos simultaneamente, quando há necessidade de explicitar a intensidade de uso do recurso em cada um dos projetos.

A elaboração da lista de atividades a serem desenvolvidas pelo projeto deve conter todas as atividades.

É necessário que as atividades sejam detalhadas com bastante atenção previamente à inserção na planilha do software.

É preciso definir, com a maior precisão possível, qual a tarefa a ser concluída em cada atividade.

É importante, para facilitar os passos seguintes, que as atividades sejam inseridas já na sequência lógica do projeto, com a especificação das atividades "predecessoras".

> **COMENTÁRIO**
> Esse ponto é essencial para que não haja maiores dificuldades adiante.

É desejável que a atividade possa ser descrita em detalhes, de modo a possibilitar uma correta percepção da tarefa a ser realizada, sem interpretações duvidosas. Deve-se, ainda, estimar a duração ideal da tarefa e a quantidade de recursos a serem disponibilizados em cada uma das atividades do projeto.

A inserção da lista de atividades nas planilhas dos softwares não se limita à simples enunciação de uma determinada tarefa a ser realizada como parte do projeto, como os guias do usuário e manuais podem fazer parecer.

DICAS

Como evitar problemas e retrabalho na inserção de atividades:
- insira as atividades utilizando o default padrão do software para duração de todas as atividades, em geral um dia.
- não se preocupe em lançar a duração das atividades até que todas estejam relacionadas.
- procure observar se há possibilidade de criar subgrupos de atividades, ou seja, subordinar algumas atividades a uma única que resuma as demais.
- pode ser interessante criar um subprojeto, cujas atividades podem ser utilizadas em outros projetos.

O estabelecimento de uma sequência lógica das atividades do projeto é fundamental e deve ser feito com o máximo de cuidado possível. As atividades devem ser relacionadas umas às outras, identificando-se as predecessoras, isto é, as que são pré-requisito para a consecução da atividade seguinte.

COMENTÁRIO

Softwares mais sofisticados, como o MS Project possibilitam a determinação de restrições no tempo de execução das tarefas.

Na modelagem deve-se, preferencialmente, especificar a opção "o mais breve possível", que oferece maior flexibilidade.

Para facilitar a compreensão da rede convém evitar o cruzamento de linhas no diagrama e organizar as atividades de modo que representem o mais próximo possível a realidade de consecução do projeto.

COMENTÁRIO

Só altere a visualização da rede quando todas as atividades e grupos de atividades estiverem inseridos.

Deve-se estar atento às interações entre os recursos e a duração das atividades que, de acordo com a fórmula básica do software, promove alterações nas atividades e no projeto. A escolha do "tipo de tarefa" a ser utilizada deve ser feita antes da alocação dos recursos. A maioria dos softwares define, dependendo a opção escolhida, uma das variáveis da fórmula básica como uma constante, ou seja, fixa uma das variáveis da fórmula. Desse modo, o mecanismo de ajuste funciona alterando somente as duas variáveis restantes, proporcionalmente. As opções de interação são:

- *unidades fixas* – utilizadas como padrão do software. Não se alteram as quantidades de recursos alocados, no caso de alteração da duração ou do trabalho da atividade;
- *trabalho fixo* – não se alteram as quantidades de horas de trabalho da atividade no caso de alteração da duração ou da quantidade de recursos da atividade;
- *duração fixa* – a duração da atividade permanece sempre inalterada (útil para o caso de reuniões de acompanhamento e avaliação);
- *controlada pelo empenho* – aplicada a atividades de duração fixa e unidades fixas, soma aos recursos existentes esforços de recursos de outros projetos (como acelerar tarefas, tipo empreitada).

A atribuição dos custos pode ser feita já na lista de recursos, tomando o cuidado de definir o tipo de custo a ser aplicado a cada tipo de recurso. A nomenclatura utilizada é a seguinte:

Custo fixo
Utilizado em recursos do tipo empreiteiro, cujo valor é fixo por atividade.

Custo por uso
Utilizado em recursos do tipo material consumível, cujo valor é o de mercado.

Custo rateado
Utilizado em recursos do tipo mão de obra (homem/hora) e equipamento (depreciação e consumo de energia).

Cronograma

O cronograma, isto é, as datas reais de realização das atividades, é um item obrigatório na modelagem de qualquer projeto.

Normalmente a duração do projeto é calculada considerando-se uma data zero de início das atividades e, posteriormente, estabelecendo-se uma data real para a data início.

Os softwares fazem a conversão sem maiores dificuldades, mas é essencial especificar o tipo de calendário que se está utilizando – por exemplo, um que só considera os dias úteis de oito horas – e, na conversão, assinalar dados como os dias de feriados etc. O cronograma do projeto é, em geral, apresentado sob a forma do gráfico de Gantt.

> **GRÁFICO DE GANTT**
>
> Tipo de gráfico de barras que ilustra quanto tempo um projeto levará, quando ele deve ser iniciado e quando deve ser concluído. O gráfico divide a vida do projeto em tarefas definíveis (eixo vertical) no decorrer das semanas (eixo horizontal).

Para a elaboração de um cronograma simples, sem a utilização de uma técnica de redes, são necessários os passos de que trataremos a seguir.

Listagem

As atividades do projeto, a partir do diagrama são:

Definir predecessoras	Ordenar as atividades na sequência prevista para sua realização. Na terminologia adotada para a sequência, toda atividade, exceto a que dá início ao projeto, tem uma ou mais atividades que lhe precedem (predecessoras). Da mesma forma, toda atividade, exceto a última do projeto, é predecessora de uma ou mais outras. É o que consta na matriz de atividades antes/depois
Delinear gráfico	Assinalar no gráfico, sob a forma de barras horizontais, a duração de cada atividade; Assinalar com um asterisco ou outro sinal diferencial as atividades sem duração – marcos (*milestones*), como a celebração de contratos, a apresentação de relatórios etc.

Plano de provisão de recursos humanos

A gestão dos recursos humanos em um projeto é particularmente delicada devido à natureza temporária das relações de trabalho. Por esse motivo, na planificação dos recursos humanos que irão trabalhar no projeto, devemos ter em conta, além das operações comuns aos demais recursos, os aspectos psicológicos individuais e os relativos ao trabalho em grupo. Os passos para elaboração do plano de provisão de recursos humanos são os seguintes:

Identificação
Listar cada uma das pessoas necessárias à execução de cada atividade, assinalando a atividade em que deverá trabalhar e o número de horas, dias, ou na unidade de periodização utilizada na rede e no cronograma.

Cada pessoa, mesmo profissionais que irão desempenhar funções idênticas, deve ser nomeada individualmente.

Excetuam-se aqui as pessoas que irão trabalhar sempre em grupo, como no caso de grupos-tarefa.

Quantidade

É importante verificar se as atividades não são simultâneas e se superpõem.

No caso de superposição das atividades, o número de profissionais deverá ser equivalente ao número de atividades superpostas.

Alocação

Ordenar a utilização do profissional segundo a sequência das atividades do projeto. Esse procedimento poderá indicar a necessidade de modificações na sequência das atividades. Recursos humanos essenciais para o projeto ou de custo muito elevado podem levar a recomendação de alterações substanciais na configuração do projeto. Os softwares disponíveis realizam essas operações a partir da entrada nas atividades dos recursos. Fornecem distribuições reais e ideais, sob a forma de histogramas, e reordenam automaticamente a rede do projeto.

Descrição

Descrever, sucintamente, as tarefas de cada pessoa ou grupo-tarefa (ver item a seguir). As tarefas devem ser descritas a partir das necessidades de cada atividade. Uma dica: publicações de associações de classe e publicações da Organização Internacional do Trabalho são boas fontes de referência para as descrições de tarefas.

Classificação

Separar, de acordo com as relações de trabalho correspondentes, os grupos de recursos humanos a serem alocados ao projeto:
- mão de obra direta – cujo trabalho efetivamente será aplicado como tarefa necessária à finalização de uma ou mais atividades;
- mão de obra indireta – cujo trabalho consiste na administração do projeto e no provimento das condições para que a mão de obra direta possa realizar seu trabalho;
- serviços contratados – que corresponde à mão de obra não vinculada ao projeto;
- pessoal cedido – especificando a pauta de relações com outras organizações que cedam pessoal ou nas quais o projeto está inserido.

Especificação

É preciso especificar, por atividade, a contribuição e o desempenho esperado das pessoas que irão trabalhar no projeto.

Descrição de tarefas

A descrição de tarefas para projetos difere essencialmente da descrição de tarefas para trabalho continuado. Embora o objetivo seja o mesmo – informar sobre as responsabilidades, habilidades, conhecimentos e demais características esperadas de cada colaborador – a tarefa é facilitada na medida em que a descrição é feita a partir das atividades.

> **CONCEITO-CHAVE**
>
> A descrição é realizada listando-se por título ou encargo as pessoas a serem vinculadas ao projeto.
> Detalham-se, em seguida, as tarefas, a duração, o momento e o custo de cada intervenção.

Para que o recrutamento do pessoal possa ser realizado com eficiência, devem constar do projeto as seguintes informações:

- experiência prévia requerida;
- tipo de formação;
- tipo de colaboração esperada (trabalho em equipe, elaboração de produtos intermediários etc.);
- disponibilidade (quando está prevista a participação no projeto);
- remuneração, tanto no que se refere ao montante quanto à modalidade (por tarefa, mensalmente etc.).

Delineamento de tarefas (*job design*)

O delineamento de tarefas é a base para o estabelecimento do perfil dos recursos humanos tanto como base para a gestão do projeto como, na etapa de configuração, para a formação da planilha de custos, mediante o estabelecimento de horas/homem ou outra unidade de trabalho das pessoas a serem empregadas no projeto.

Ele consiste no estabelecimento das ações e tempos necessários à consecução das atividades do projeto. Ao definirem-se as tarefas, utilizam-se os conhecimentos acumulados em quase um século de estudos sobre a conduta no trabalho. É preciso ter em mente que o principal emulador da produtividade é a satisfação que as pessoas encontram na tarefa que realizam.

A primeira etapa do delineamento é a descrição completa das tarefas, relacionando-as com o conteúdo do trabalho, isto é, relacionar a análise de tarefas (*task analysis*) com o trabalho que é feito e com quem faz o trabalho (*work analysis*). Para cada tarefa, discriminam-se as seguintes informações:

CHECKLIST DE DEFINIÇÃO DE TAREFAS

Análise de tarefas	Análise do trabalho
Duração da tarefa	Formação requerida
Equipamentos requeridos	Habilidades requeridas
Frequência de realização	Indicador de performance
Informações requeridas	Informações sobre antecedentes
Local de realização	Monitoração requerida
Relações com outras tarefas	Nível de responsabilidade
Relevância para o projeto	Responsabilidade por qualidade
Sequência das (sub)tarefas	Treinamento requerido

O recrutamento de pessoal deve ser realizado com vistas à otimização da relação custo × benefício do projeto. É importante chamar atenção para isso porque, por mais óbvio que pareça, é comum encontrar projetos configurados em função da disponibilidade de recursos humanos e não em função de um propósito específico.

Essa prática enfraquece, e até anula, a coerência interna do projeto, leva os indicadores de risco às alturas, na medida em que os instrumentos de análise e avaliação de risco, particularmente os instrumentos de auditoria da capacidade gerencial, são aplicados cada vez com mais rigor. Outras recomendações a respeito do recrutamento e seleção de pessoal para o projeto são:

- observar a distinção entre o pessoal contratado especificamente e o pessoal cedido por outras organizações, principalmente no que se refere às normas legais que regem tanto a contratação quanto a cessão;
- verificar a conveniência da contratação de consultores e assessores. Tarefas que requerem alto nível de especialização e tarefas pontuais devem ser objeto de contratos específicos;
- observar que as relações de trabalho devem, idealmente, ser regidas por contratos de trabalho por tarefa ou por tempo determinado. Para que um projeto funcione a contento, é preciso saber que, por definição, ele não é um emprego, mas um trabalho que se esgota quando o objetivo é atingido;
- devido à vinculação entre o projeto e o prazo (tempos, duração) as normas de segurança devem merecer uma atenção especial quando da configuração do pro-

jeto. É normal acontecerem atrasos de cronograma. Como geralmente os contratos estipulam sanções para atrasos, a pressão sobre a equipe tende a propiciar o relaxamento das normas de segurança, gerando acidentes. São comuns, mesmo em escritórios, as espirais de acidentes (acidentes que geram atrasos, que geram mais pressa, que gera mais atrasos) ocasionadas pela pressão do tempo;

- nomear claramente os indicadores do desempenho esperado do pessoal envolvido;
- indicar os mecanismos de prevenção e substituição referentes a desempenhos insatisfatórios;
- uma vez que a maioria dos projetos é conduzida por um grupo de trabalho formado especialmente por pessoas de diversas origens e especialidades, e que se desfará quando o projeto estiver concluído, devemos indicar, na configuração, a necessidade de se dar atenção, na etapa de recrutamento, à motivação, especialmente no que se refere ao trabalho em grupo.

Os contratos para trabalho em projetos estão incluídos, idealmente, nas diversas modalidades de contratos de trabalho temporário. Deve-se dar atenção especial, no que se refere à parte contratada, à especificação de tarefas e dos resultados esperados. Muitas organizações adotam contratos padronizados.

Esses contratos, ainda que possam ser o que os advogados chamam de "instrumentos jurídicos perfeitos", algumas vezes não atendem às especificidades do trabalho em projetos.

Por exemplo, é comum, em projetos, a contratação de pessoas que irão trabalhar em fases diferentes e em atividades não sequenciais.

Dependendo do volume de trabalho, da remuneração etc., pode ser conveniente estabelecer o mesmo contrato para as duas atividades ou, ao contrário, celebrar dois contratos separados. Outras questões, envolvendo prazos, sanções etc., se não previstas na configuração, podem comprometer significativamente o gerenciamento do projeto.

COMENTÁRIO

O ideal é consultar um advogado sobre a forma ideal de contrato.
Uma sugestão é elaborar um rascunho dos instrumentos legais mais importantes para o projeto e conseguir (contratar) um parecer jurídico.
Existem escritórios de advocacia que fazem esse trabalho.
Dependendo do projeto e das possibilidades futuras de assessoramento jurídico, é possível conseguir pareceres a preços bem razoáveis.

A configuração do sistema de recompensas e reconhecimento compreende uma série de preceitos e ações de promoção e reforço do comportamento e da produtividade requeridos dos recursos humanos. A ideia central é o estabelecimento de relações claras e explícitas entre, de um lado, a produção e a conduta esperadas e, de outro, as recompensas.

Os sistemas de recompensa para projetos guardam diferenças em relação aos sistemas das organizações permanentes. As mais importantes estão referidas às recompensas e às punições relativas:

- ao cumprimento de prazos, devido à importância do cronograma em relação à administração de projetos e a cláusulas contratuais de multa;
- à adesão a padrões e especificações, devido ao caráter fragmentário dos projetos, que muitas vezes são verdadeiros jogos de armar de componentes e serviços muito diferenciados;
- à cultura técnica em que o projeto está inserido. Para grande parte dessas culturas as recompensas e punições pecuniárias não são as mais importantes. Formas de reconhecimento, como o credenciamento/descredenciamento em relação a trabalhos futuros, esquemas de incentivos, esquemas de prêmios etc. devem ser consideradas.

A gestão de ativos tangíveis e intangíveis é uma das tarefas mais complexas a serem enfrentadas pelos administradores. O ideal a se buscar na etapa de modelagem é o de se eliminarem os custos decorrentes de imobilizações, como os de aquisição de material de uso permanente, de bancos de informações etc.

Ao se configurar o projeto, devem-se prever esquemas de cessão, de empréstimo, de aluguéis, de *leasing* e todas as formas possíveis de evitar os custos tanto de aquisição quanto de desmobilização de quaisquer ativos.

> **LEASING**
>
> Operação entre pessoas jurídicas em que uma delas cede o uso de um ou mais bens, como veículos, máquinas e equipamentos, mediante o pagamento de prestações periódicas. Ao término do contrato, o arrendatário tem a opção de adquirir, definitivamente, o bem arrendado, efetuando o pagamento de um valor residual.

Um segundo elemento de grande importância no suprimento dos fatores é a sua relação com o ciclo de vida do projeto. De um lado porque, tendo uma vida útil limitada *a priori*, os custos de obtenção de insumos e recursos podem ser reduzidos por aquisições em lotes, por exemplo. De outro, porque os níveis de inovação e obsolescência tecnológica podem ser controlados de maneira mais efetiva quando o ciclo de vida é programado.

Tendo em mente as oportunidades em termos de redução de custos e de riscos que se apresentam no uso programado dos fatores, os passos para a configuração do plano de provisão de recursos devem se dar na seguinte ordem:

Descrição

Descrever sucintamente os serviços, instalações, equipamentos e materiais por atividade. Cada um dos bens – instalações, informações, equipamentos, materiais – a ser utilizado deve ser especificado. Essa descrição deve ser feita de acordo com os padrões e nomenclatura técnica apropriada a cada bem.

No caso de obras civis e de equipamentos, pode ser necessária a contratação de profissional especializado para a elaboração dos "memoriais descritivos", documentos técnicos em que se relacionam os materiais e equipamentos segundo especificações normatizadas e segundo as modalidades de uso.

Como no caso dos recursos humanos, a descrição das atividades é a fonte básica de obtenção dessas informações. Para cada bem devemos assinalar o número de horas, dias etc. de utilização, segundo a unidade utilizada na elaboração do cronograma. Cada um dos bens deverá ser descrito individualmente.

Uma dica: muitos fornecedores oferecem catálogos com as especificações dos produtos e serviços que vendem.

Verificação de conflito e superposição

Verificar se não há conflito ou superposição na utilização dos recursos, caso em que devemos multiplicar o número de bens ou alterar a rede e o cronograma do projeto.

Sequenciação

Ordenar a utilização dos bens segundo a sequência de atividades do projeto. Como para os recursos humanos, os softwares dedicados a projetos realizam rapidamente os cálculos de alocação e, se for o caso, de alteração da rede, bem como fornecem histogramas de distribuição da utilização dos recursos.

Estimativa de dispêndio

Relacionar a estimativa de dispêndio. Os preços podem ser obtidos mediante a consulta a tabelas, solicitação de propostas, tomada aberta de preços etc.

Definição das modalidades de aquisição

Indicar as opções por aquisição, aluguel, *leasing* etc. O ponto principal aqui é a análise comparativa entre as várias opções, inclusive, para alguns itens, a opção pela produção do bem como passo ou subprojeto. Tanto a geração de informações quanto a manufatura de equipamentos, principalmente de ferramental, podem ser mais econômicas do que a compra.

Utilização de *leasing*

Para tipos específicos de projetos, mormente nos que fazem uso de equipamentos dispendiosos, usa-se um sistema de arrendamento, internacionalmente conhecido como *leasing*. O *leasing* é um arranjo entre o detentor de um equipamento ou bem e um arrendatário, para que o último possa usá-lo.

Durante o período de *leasing*, o arrendatário faz pagamentos regulares, como se fosse um aluguel. Esses pagamentos são estruturados pelo dono do bem ou equipamento de forma a cobrir os custos de aquisição, financeiros e uma margem de lucro. No fim do período, o bem ou equipamento é vendido pela diferença ao arrendatário, devolvido (*leasing* operacional), ou arrendado outra vez.

O sistema de *leasing* pode ser recomendável quando a renda a ser paga é próxima à de um aluguel, quando o bem ou serviço é caro em relação ao orçamento do projeto ou quando há vantagens em termos de taxação e impostos. Como o proprietário do bem ou equipamento pode arrendá-lo várias vezes a vários projetos, os preços de *leasing* costumam ser bastante vantajosos.

Definição de fornecedores

Indicar a origem provável dos recursos a serem utilizados durante o projeto. Uma parte significativa desses bens pode ser fornecida diretamente pela organização ou organizações à qual (às quais) o projeto se filia. Mesmo nesses casos a origem e a disponibilidade dos bens devem ser assinaladas. Para os bens a serem comprados, alugados etc., indicar os principais fornecedores, dando preferência aos com maior tradição na praça.

Na configuração do projeto devem constar: uma listagem de fornecedores potenciais, os critérios de avaliação e, sempre que possível, uma avaliação prévia dos potenciais fornecedores. O ideal é que todo fornecedor possua um certificado ISO (International Organization for Standardization).

Estimativa de recuperação

Estimar a depreciação e o valor venal dos bens adquiridos para o projeto. Sempre que possível, assinalar as possibilidades concretas de reaver o investimento, para que os retornos possam ser abatidos do custo final do projeto.

Definição de responsabilidades

Indicar os responsáveis pela assinatura e acompanhamento dos contratos referentes aos bens tangíveis. Essas informações irão alimentar a matriz de responsabilidades, um dos instrumentos mais comuns no controle de projetos, como veremos mais adiante. Uma dica: é recomendável elaborar uma minuta dos contratos referentes aos bens tangíveis.

> **CONCEITO-CHAVE**
>
> Os tipos de contrato utilizados em projetos variam substancialmente. Vão desde contratos com preço fixo a contratos de reembolso; de convênios de cessão de bens a contratos a fundo perdido.
> Por esse motivo, é importante, na etapa de configuração, a especificação dos padrões a serem adotados.

Os contratos referentes a bens tangíveis deverão conter:

- a descrição dos bens;
- a descrição dos serviços associados à aquisição dos bens, como os serviços de manutenção, de reposição etc.;
- restrições e ressalvas, incluindo as restrições orçamentárias, os preços máximos suportados pelo projeto, e as ressalvas relacionadas à qualidade e aos impedimentos legais;
- as datas de entrega;
- os preços e formas de pagamento;
- indicadores de performance (como serão aferidas as entregas/fornecimento dos serviços e produtos);
- as cláusulas de multa.

Normalmente as organizações às quais o projeto está vinculado fornecem contratos padronizados, que podem ser adaptados às necessidades do projeto. Também o assessoramento jurídico pode ser obtido dessa forma.

Uma atenção especial deve ser dada às condições legais dos fornecedores e, particularmente, as subcontratações. No caso de fornecedores pertencentes à organização em que o projeto é desenvolvido, deve-se procurar sempre a formalização dos compromissos de fornecimento e das sanções correspondentes em caso de falha.

Orçamento

As entradas de previsão de dispêndios do projeto são feitas utilizando-se nomenclatura convencional de contabilidade de custos. Em linhas gerais, o orçamento ou estimativa de custos de um projeto, de qualquer tipo, deve assegurar:

- a alocação de todos os custos do projeto num quadro lógico de fácil acesso;
- a determinação do custo total do projeto em seus contornos mais amplos e as previsões de possíveis alterações contingenciais;

- a possibilidade de efetivo controle dos custos do projeto nas etapas subsequentes à configuração;
- a conversibilidade em relação aos mecanismos orçamentários das organizações com interesse no projeto (rubricas, natureza das despesas, formatação, regras e procedimentos), de modo a viabilizar a conexão e a interação entre os mecanismos orçamentários das organizações e o orçamento do projeto.

O modo mais rápido e objetivo de elaborar uma estimativa de custos de um projeto é com o auxílio de softwares de projetos. No entanto, para projetos de menor envergadura, o uso de softwares pode ser antieconômico.

As etapas relacionadas a seguir consideram as duas possibilidades:
- elaboração do orçamento com auxílio de softwares;
- elaboração do orçamento sem auxílio de softwares.

Antes de iniciar a elaboração do orçamento, a adoção de pontos básicos que facilitem a concepção técnica é indispensável. As informações iniciais são fundamentais para uma elaboração coerente. É importante considerar os seguintes pontos:

Estimativa
Elabore uma estimativa orçamentária o mais cedo que puder.
A estimativa de custos e de receitas do projeto geralmente faz com que alguns aspectos importantes que tenham passado despercebidos até então sejam mais bem-compreendidos.
É provável que, a partir daí, sejam necessárias modificações substanciais em toda a estrutura do projeto.

Rigor
Ao configurar o projeto, é essencial que se tenha em mente a importância da obtenção de informações acuradas para a elaboração do orçamento. É uma crença comum que o rigor na elaboração do orçamento limita a criatividade na administração e restringe a tomada de decisões que poderiam afetar positivamente a qualidade do projeto. O equívoco aqui é duplo: toma-se o efeito pela causa e desconhece-se o ofício da administração de projetos.
O fato gerador dos problemas relacionados com o orçamento é a escassez de orçamentos construídos tecnicamente. Como orçamentos mal-elaborados comprometem a negociação, a administração e a avaliação do projeto, tende-se a inverter o problema, pondo-se a culpa no instrumento e não no seu mau uso. O fato é que, à

exceção do que ocorre em subsetores mais dinâmicos da economia, o que se chama "projeto" costuma ser uma proposta de aventura e, nesse contexto, uma peça técnica de planificação, como o orçamento, torna-se algo exótico e dispensável.

O desconhecimento do ofício da administração de projetos, por seu turno, agrava ainda mais esse problema. O amadorismo e a falta de preparo dos gerentes conduzem à rigidez e à baixa criatividade. Não o orçamento, um instrumento indicativo que, quando elaborado corretamente, prevê margens de tolerância, sistemas de correção etc.

Envolvimento

Na elaboração do orçamento deve-se envolver o maior número possível de pessoas e instituições.

A ideia de que a estimativa de custos é uma atribuição exclusiva de especialistas é equivocada, embora recorrente na maioria dos projetos. Quanto maior a participação, o esforço e o tempo despendido por toda a equipe encarregada da configuração na elaboração do orçamento, menores os riscos de perdas e gastos desnecessários.

Prazos

Há uma relação direta entre a duração do projeto e os custos. Os custos de aluguéis, salários, arrendamentos etc. são funções do tempo, e cláusulas de multa fazem com que o cumprimento dos prazos previstos incida diretamente nos custos do projeto.

Fontes

Embora seja prática comum, na configuração de novos projetos, a utilização de dados orçamentários de projetos similares já executados, com o objetivo de obter informações que sirvam de referência para a elaboração de um novo orçamento, é importante que se observe com atenção a memória dos projetos, a fim de evitar distorções e apropriações indevidas. Isso porque uma parcela significativa dos projetos é tão singular que não admite ser tomada como referência na elaboração do orçamento. Além disso, muitos relatórios de execução ou memórias de projetos não passam de peças de fantasia.

Acessibilidade

A experiência tem mostrado que o uso de modelos sofisticados de orçamento deve ser evitado, principalmente no caso dos projetos mais simples. O ideal é conceber o orçamento de forma tão acessível quanto possível, com um nível de detalhamento sempre proporcional ao escopo e à complexidade do projeto. A facilidade de uso e a rapidez de acesso às informações serão de fundamental importância nas etapas subsequentes.

Deve-se ter em mente que o orçamento, na maior parte dos casos, será o mais importante instrumento de comunicação na negociação do projeto, tanto com potenciais patrocinadores quanto com gestores de organizações interessadas.

A etapa agora consiste em elaborar uma estrutura orçamentária preliminar. Para tanto, é preciso incluir todos os itens que devem constar do orçamento. Essa estrutura não precisa ser exata. A estrutura do orçamento será modificada várias vezes ao longo da configuração e de suas revisões.

> **COMENTÁRIO**
> Todo projeto tem uma lógica de custos própria. Tentativas de ajustamento forçado geram imprecisão e falta de rigor.

Nesse momento, deve-se consultar orçamentos de outros projetos, o plano de contas das organizações com as quais o projeto se relaciona e as sugestões e exigências de financiadores/patrocinadores.

O nível de detalhamento deve ser suficiente para atender aos requisitos dessas instituições, mas não se deve "encaixar" o orçamento. Isso será feito depois (ver passo "conversões", adiante).

Caso se esteja utilizando um software, deve-se obter todo tipo de informação sobre quais os procedimentos básicos e como o software atribui os custos de acordo com o recurso a ser utilizado, principalmente qual o critério de rateio (distribuição) dos custos.

A quase totalidade dos softwares tem mecanismos específicos para atribuição de custos a partir da descrição de atividades. Isto é, as entradas de recursos devem ser feitas assinalando-se os itens orçamentários correspondentes. Do orçamento devem constar:

- os valores unitários e os valores agregados (valor unitário × quantidade) de cada insumo e recurso previsto;
- as receitas esperadas, isto é, os valores unitários e os valores agregados dos produtos acabados ou dos serviços gerados;
- outras fontes de receitas, como doações, verbas públicas etc.;
- taxas, impostos e todos os itens que compõem indiretamente os custos e as receitas.

O perfil orçamentário varia muito de setor para setor e de projeto para projeto.

Para alguns setores, como o da construção civil, os itens orçamentários de custos são padronizados e fornecidos por publicações periódicas especializadas. Para outros, a estrutura orçamentária deve ser construída a partir do zero.

Por outro lado, para certos projetos, o orçamento não precisa ser mais do que a listagem e o somatório simples dos custos das atividades e das estimativas de receitas. Para outros, como no caso de projetos de investimento, irá exigir maior detalhamento e cálculos complexos, envolvendo itens como os de expectativa inflacionária, flutuações de mercado etc.

EXEMPLO DE ESTRUTURA ORÇAMENTÁRIA

Item	Subitem	Valor unitário	Valor agregado	Tolerâncias e flutuações	
				-	+
Mão de obra	Pessoal envolvido diretamente na produção. Discriminar: Pessoal do projeto				
	Pessoal contratado				
	Pessoal cedido				
	Total				
	Apoio à produção, como manutenção e controle de qualidade				
	Pessoal contratado				
	Pessoal cedido				
	Total				
	Administração, serviço e vendas				
	Pessoal contratado				
	Pessoal cedido				
	Total				
Total					

Item	Subitem	Valor unitário	Valor agregado	Tolerâncias e flutuações	
				-	+
Recursos patrimoniais	Aluguéis e arrendamentos				
	Custo de reposição e reparos devidos a desgaste e obsolescência				
	Equipamentos				
	Aluguéis e arrendamentos				
	Custos de reposição do ativo fixo renovável devido a depreciações, esgotamento e obsolescência				
Insumos	Matérias-primas				
	Insumos essenciais: energia e combustíveis, água etc.				
	Material de consumo				
	Materiais complementares, como embalagens				
	Sobressalentes				
	Armazenagem				
	Custos referentes a perdas por desgaste e quebra				
Transporte	Incluir e especificar os gastos com fretes de matérias-primas, material de consumo, produtos acabados etc.				
Manutenção	Outros materiais que não as matérias-primas propriamente ditas, como peças de reposição, material de limpeza				
Despesas gerais de administração e vendas	Aluguéis e arrendamentos				
	Viagens e diárias				
	Material de escritório				
	Comercialização (venda e propaganda)				
Outras despesas	Seguros				
	Impostos e taxas				
	Juros				
	Depreciações (física e econômica)				
Reservas e imprevistos					
Taxas e emolumentos					
Impostos					

Item	Subitem	Valor unitário	Valor agregado	Tolerâncias e flutuações	
				-	+
Total das despesas					
Receitas de venda	Margem bruta de lucro				
Receitas não operacionais	Verbas governamentais etc.				
	Ganhos de capital (receitas decorrentes de investimentos)				
	Outras receitas				

Devem-se lançar os custos unitários a partir da descrição dos recursos por atividade ou dos planos de alocação de recursos.

> **COMENTÁRIO**
>
> É preciso prever uma estimativa de erro para os valores agregados. Esse erro compreende as margens de tolerância e as imprecisões naturais quando se lida com preços. Não deixe de apontar o valor e o percentual do erro.

No caso da utilização de software, é preciso ter certeza de que as tarefas que cada recurso deverá realizar estão detalhadas e homogeneizadas (têm a mesma nomenclatura), bem como distribuídas corretamente nas atividades do projeto. Embora tal procedimento seja trabalhoso e demorado, garante uma estimativa de custos mais acurada e realista. Uma das mais frequentes causas de equívocos na alocação de custos está relacionada a imprecisões quanto à tarefa a ser executada.

As fontes de informação sobre custo variam de acordo com o item e o setor do projeto. Os recursos mais utilizados na obtenção de informações sobre custos são:

- referência a projetos similares, consideradas as diferenças de circunstância, como as tecnologias introduzidas na área de atuação do projeto e o tempo decorrido desde que a fonte da informação esteve operacional;
- publicações setoriais e revistas especializadas em índices de preços. Atenção especial deve ser dada à formula de cálculo das informações e à nomenclatura utilizada. São raras as bases de cálculo e as nomenclaturas que obedecem a padrões universais;

- fornecedores de insumos e recursos. Atenção especial deve ser dada às diferentes especificações técnicas e à busca por produtos substitutos;
- publicações oficiais, principalmente no que se refere a tarifas, tributos, salários mínimos, taxas etc., isto é, todos os elementos de custo que sofrem influência direta ou são regulados pelos governos;
- empresas especializadas no levantamento e informação sobre preços e condições.

Recursos humanos

O plano de provisão de recursos humanos é a principal fonte do orçamento de mão de obra e deve incluir seu custo completo, inclusive o referente aos encargos sociais, rateio de férias, 13º, horas extras etc.

O balanço de capacitação (relação entre recursos humanos qualificados e não qualificados) varia segundo o tipo de projeto. O mesmo acontece com a estrutura hierárquica (o organograma). No entanto pode-se admitir, como regra geral, a recomendação de, na configuração, buscar-se a redução ao mínimo dos recursos humanos envolvidos. As razões para isso são três:

- o caráter efêmero de todo projeto e os consequentes custos de contratação e de demissão de pessoal decorrentes dos sistemas de proteção social que, por deficiência da legislação, penalizam o trabalho temporário e gravam excessivamente tanto o contratante como o contratado, onerando desproporcionalmente empreendimentos transitórios, como os projetos;
- a característica mesma da gestão de projetos, que requer flexibilidade de recursos, inclusive de recursos humanos. Daí os requisitos de *polivalência* (capacidade de atuar em vários níveis) e de *politecnia* (a preparação em múltiplos campos) dos recursos humanos envolvidos em projetos, qualidades que implicam, naturalmente, a diminuição do número de pessoas;
- a demonstração prática, nos anos 1990, da disfuncionalidade do "inchaço" das organizações e a consequente aplicação (às vezes equivocada e quase sempre exagerada, é verdade) de técnicas de redução de pessoal (*downsizing*).
- os encargos sociais devem ser separados e discriminados o mais detalhadamente possível. O mesmo vale para todos os itens que compõem o orçamento da mão de obra. As conquistas sociais, refletidas na legislação trabalhista, vieram criar esquemas extremamente diferenciados de impostos, taxas, direitos etc., de forma que o cálculo dessas despesas tomando-se como base os agregados tende a ser tanto mais impreciso quanto maior for o número de níveis e de pessoas a serem envolvidas no projeto.

Na formulação do orçamento devem ser separados os componentes da mão de obra de acordo com a natureza do custo em que se enquadram.

Em geral, a mão de obra direta (diretamente envolvida com a produção) corresponde a custos fixos e a mão de obra indireta (administração, serviços), a custos variáveis.

Para alguns tipos de projetos, mais intensivos em mão de obra de alta tecnologia, por exemplo, será conveniente indicar custos semifixos (caso do pessoal envolvido com apoio à produção e, às vezes, com comercialização e vendas).

É necessário lançar os custos dos materiais básicos seja em estado bruto ou em estado semiacabado, que serão utilizados no projeto e considerar todos os custos de aquisição assinalando a origem. Se o produto for importado, é preciso esclarecer se o preço é FOB (*Free on Board*) ou CIF (*cost, insurance and freight*, que significa "custo, seguro e frete") e as taxas de câmbio empregadas, custos de transbordo etc.

Os itens unitários obtidos devem ser somados e, se necessário, devem-se acrescentar comentários. No caso de alta complexidade, aplicativos podem ser utilizados acoplados aos aplicativos gerais de projetos. Esses aplicativos disponibilizam informações e ferramentas que possibilitam o aumento da capacidade e do refinamento da estimativa de custos.

Se necessário, o orçamento deve ser convertido para os padrões requeridos por outras instituições. Essas conversões serão necessárias na maioria dos projetos e destinam-se a atender:

- aos requisitos de estruturas orçamentárias de organizações já estabelecidas, geralmente a organização matriz do projeto;
- ao preenchimento de formulários de instituições financiadoras/patrocinadoras;
- às especificidades de planos de contas (contabilidade) dessas organizações.

As conversões não dispensam, não substituem e não antecedem a tarefa de orçar o projeto de acordo com a sua lógica interna.

Capítulo 4

Documento do projeto

Neste capítulo, o foco é a apresentação, o marketing e a negociação do projeto. Para tanto, serão discutidos os mecanismos e as ações necessárias à sustentação de uma argumentação coerente e de uma apresentação que valorize a ideia que motiva sua elaboração. Finalizando, as várias dimensões de um projeto e as condições de sua inserção serão especificadas, com destaque para a inserção sistêmica, a inserção socioeconômica e a inserção institucional.

Integração

O projeto não tem existência isolada, ou seja, ele integra e é parte do ambiente que o rodeia.

A abordagem sistêmica tem sido largamente empregada na administração de projetos desde os anos 1970. A ideia norteadora é originária da teoria geral dos sistemas, segundo a qual existem propriedades de elementos que formam sistemas, isto é, que não podem ser desagregados de um todo inteligível, sob pena de descaracterizá-lo.

ABORDAGEM SISTÊMICA

Maneira de abordar a organização como um sistema no qual todos os elementos exercem influência uns sobre os outros. Segundo essa abordagem, as organizações são entendidas como órgãos estruturados, abertos e relacionados intensamente a outros sistemas, com os quais compartilham informações.

TEORIA GERAL DOS SISTEMAS

Desenvolvida pelo cientista Ludwig von Bertalanffy na década de 1930 e aplicável a diversas áreas da ciência. Observa que cada sistema é composto por subsistemas ou componentes e está integrado em um macrossistema. O todo formado por um sistema é superior à mera soma das partes que o constituem. É preciso utilizar abordagens de natureza generalista, holística ou interdisciplinar para melhor estudo dos diversos sistemas.

> **CONCEITO-CHAVE**
>
> Um sistema é um conjunto de elementos harmonicamente relacionados que operam em direção a um fim.

Os sistemas existem dentro de sistemas maiores (macrossistemas ou supersistemas) e podem ser subdivididos em sistemas menores (subsistemas). Os elementos que os compõem podem ser de natureza diferente – isto é, os órgãos de um corpo, com funções especializadas e estrutura diferenciada, são elementos do sistema "corpo"; são funcionais em relação ao sistema "corpo" como um todo.

Uma série de propriedades pode ser derivada dessas premissas teóricas. Outras propriedades dizem respeito à existência de sistemas que complementam uns aos outros. Os sistemas podem integrar múltiplos macrossistemas, que podem ser subsistemas de um sistema maior, e assim por diante. Ao se tomar o projeto como um sistema, ele é considerado um todo funcional, dirigido a um objetivo e formado por um conjunto de elementos que devem atuar harmonicamente.

Levamos em conta, além disso, que o projeto conforma um tipo especial de sistema, autogerido e autocorrigível (tecnicamente, um sistema cibernético). Além disso, funciona como um subsistema, isto é, um integrante de sistemas maiores (macrossistemas, como uma organização, ou maiores ainda, como o setor cultural etc.) e, muitas vezes, como um sistema aberto às mais variadas influências e riscos.

A partir desse ponto, temos dois caminhos distintos a seguir. O primeiro é o detalhamento da sequência de atividades, a alocação de recursos, a estimativa de tempos e custos, ou seja, a elaboração interna do projeto. O outro é o caminho da discussão das suas condicionantes externas.

> **CONCEITO-CHAVE**
>
> A análise de sistemas oferece uma forma de entendimento da articulação entre níveis de visão do projeto. Fornece, também, uma linguagem comum aos diversos níveis de análise.

Podemos seguir os dois caminhos simultaneamente. Como as forças ambientais irão condicionar o projeto, e não o contrário, o mais conveniente é que iniciemos por sua análise.

A inserção do projeto depende de vários fatores, entre eles o econômico. Está claro que setores econômicos diferentes exigem análises de inserção diversa. Dependendo da envergadura do projeto, essas análises podem ser muito complexas, mas uma aproximação é obtida considerando-se os elementos que se seguem.

Inserção em planos

O exame da relação entre o projeto e outras instâncias de planejamento busca compreender em que instância de um programa maior ou de uma diretriz geral ele se insere. Para responder a essa questão, desenvolve-se a matriz de estrutura lógica, acrescentando dados, observações etc.

Impacto econômico

A discussão do impacto econômico provável do projeto é uma tarefa especializada, que, idealmente, deve ser executada por um economista ou empresa contratada. No entanto, pode-se oferecer uma análise razoável descrevendo sumariamente a evolução e a situação da economia do setor. A coleta de dados e indicadores é decisiva para a qualidade dessa análise.

Impacto social

Também a descrição do impacto social requer, em certos casos, o concurso de profissionais especializados. Para projetos de menor envergadura uma descrição do contexto social e a sistematização de dados e informações sociais podem ser suficientes. Uma dica, também válida para a análise do impacto econômico: órgãos governamentais, organizações não governamentais e, principalmente, instituições que financiam projetos podem disponibilizar tanto a *expertise* quanto o acervo de informações necessárias para essas análises. Para setores econômicos mais fortes e tradicionais, há órgãos da imprensa especializada que produzem e vendem análises completas e atualizadas de grande utilidade.

> ### BNDES E INCLUSÃO SOCIAL
>
> O BNDES apoia projetos que tenham impacto direto na melhoria das condições de vida da população brasileira.
>
> São projetos que possuam os elementos necessários e relevantes para a elaboração e implementação de programas regionais e sociais, e a eles articulados, que visem os seguintes objetivos:
>
> - facilitar a universalização do acesso aos serviços de infraestrutura básica, de saúde e de educação;
> - incentivar a gestão integrada de recursos hídricos, a despoluição de bacias hidrográficas e o uso eficiente da água;
> - fortalecer a capacidade gerencial, normativa, operacional e tecnológica da administração pública municipal;
> - equacionar as demandas das cidades e metrópoles brasileiras, por meio de investimentos destinados ao planejamento, estruturação, requalificação e reordenamento urbanos;
> - expandir a oferta de crédito produtivo ao empreendedor de baixa renda por meio de linhas de microcrédito;
> - implementar soluções coletivas para a manutenção dos postos de trabalho, associada ao desenvolvimento e ao crescimento empresarial;
> - reduzir as desigualdades regionais, através de projetos estruturantes, de arranjos produtivos locais e de projetos integrados em regiões de extrema pobreza;
> - incentivar projetos ou atividades de natureza social, dotados de eficácia e inovação tais que os tornem paradigmáticos para outras instituições e que possam vir a se tornar políticas públicas.
>
> Fonte: BNDES.

O exame dos efeitos e das externalidades tem como propósito determinar:

- os benefícios indiretos, internos e externos, auferidos e gerados pelo projeto;
- os custos indiretos, internos e externos, gerados pelo projeto;
- os riscos que ameaçam o projeto e a forma de diminuí-los.

> ### CONCEITO-CHAVE
>
> Efeitos são ocorrências positivas e negativas, gerados diretamente pelo projeto. Entre os efeitos gerais, temos os efeitos de ligação (*linkage effects*), que relacionam o projeto com outros produtos/serviços e com outros projetos. São considerados parte dos custos e benefícios secundários, isto é, não ligados à taxa de retorno dos projetos comerciais ou à utilidade dos projetos com fins sociais. Efeitos para frente são os que ocorrem posteriormente à realização do projeto e que criam situações novas, isto é, não preexistentes.

Em um projeto pode ser necessário treinar pessoas. Mais tarde, após sua conclusão, essas pessoas, graças ao treinamento recebido, podem ser aproveitadas em outros projetos e organizações, como seria o caso da indústria de laticínios que, uma vez instalada, tende a estimular a produção de leite, por criar um mercado estável.

Os efeitos de ligação para frente estão referidos ao destino do produto/serviço do projeto. Há também, é claro, efeitos para frente negativos. A realização de um projeto intensivo em tecnologia pode ocasionar desvios estruturais indesejáveis na evolução de uma região.

> **CONCEITO-CHAVE**
>
> Efeitos para trás são os que modificam situações preexistentes ao projeto. Isso acontece quando a realização de um projeto traz melhorias nas redes de distribuição sem que esse fosse o seu objetivo. Em se tratando de efeitos para trás negativos, os casos mais discutidos atualmente são as agressões ao meio ambiente provocadas por alguns tipos de projetos.

Efeitos de ligação para trás estão referidos aos insumos e recursos do projeto, isto é, ao impacto causado por sua absorção.

Externalidades

Externalidades são ocorrências positivas ou negativas, auferidas ou geradas indiretamente pelo projeto, e se diferem dos efeitos na medida em que se referem a fatos e ocorrências que se encontram inteiramente fora da possibilidade de controle e influência do projeto.

Em geral, as externalidades auferidas ou geradas são imprevisíveis.

Para todo projeto é importante tentar prever externalidades, não só econômicas como também nos campos político, institucional, organizacional, social, tecnológico e cultural.

Um caso de externalidade auferida seria o aparecimento de uma nova tecnologia que:

- acelere um projeto em curso (de forma positiva); ou
- torne desnecessária a sua execução (de forma negativa).

Um caso de externalidade gerada seria a mudança na estrutura de poder em uma região, como no caso da ascensão ou a queda de um grupo político, devida ao número de pessoas de outras regiões que são trazidas para trabalhar em um dado projeto.

Tradicionalmente a previsão de efeitos e externalidades é feita mediante a reflexão a partir de listagens simples.

O exame de externalidades no campo cultural deve considerar impactos sobre o projeto gerados por ele próprio nos valores, nas crenças, nos mitos, nos rituais, nas normas, nas expectativas, nas tradições e no imaginário.

O cálculo do investimento total necessário ao projeto varia em complexidade de acordo com a dimensão, setor, localização e uma série de outros fatores.

Projetos de alta complexidade ou, em geral, projetos intensivos em capital, irão exigir o concurso de economistas especializados em investimentos ou, ainda, como ocorre para alguns setores, o apoio técnico dos órgãos patrocinadores, para o cálculo rigoroso da inversão.

Em projetos mais simples e de menor monta de inversões, é possível estimar o investimento sem que seja preciso um grande esforço de computação.

Alguns dos principais elementos de análise de investimento são os seguintes:

Ativo fixo	São os ativos que permanecem estáticos durante a vida do projeto, isto é, o conjunto de bens para ele adquiridos que não serão objeto de transações correntes. Está relacionado ao capital fixo.
Capital imobilizado (ou capital fixo)	É o valor monetário do ativo fixo. Compreende os recursos necessários à instalação do projeto, isto é, os recursos que não serão objeto de transações, mas ficarão "parados" durante a vida do projeto. Estão relacionados aos custos fixos.
Capital de trabalho (ou capital de giro)	Compreende os recursos necessários à operação do projeto, isto é, os recursos aplicados em estoques, pagamentos etc. Está relacionado aos custos variáveis.
Passivo	Termo contábil que designa os insumos, recursos e, em geral, todos os elementos postos à disposição do projeto. Aquilo com o que podemos "agir" ou do que podemos "fazer uso".
Ativo circulante	São os ativos que "circulam", isto é, que entram e saem durante a vida do projeto: os recursos de caixa (dinheiro), os estoques etc.

Para determinados projetos, seja por terem um perfil e objetivos não de mercado, seja para atenderem a exigências legais, será necessário introduzir algum tipo de correção, como o que considera o custo social dos fatores, ou seja, os preços de mercado retificados de acordo com critérios sociais.

O orçamento e a análise de custos constituem a base de informações para a análise de investimento.

O orçamento e análise de custos constituem a base de informações para a análise de investimento. Os passos para sua elaboração são:

Tangíveis

Indicar os investimentos em ativos fixos tangíveis e os correspondentes prazos de amortização. Os ativos fixos tangíveis compreendem: jazidas, bosques, terrenos, edificações, máquinas, equipamentos, veículos, móveis e utensílios etc.

Intangíveis

Indicar os investimentos em ativos fixos intangíveis e os correspondentes prazos de amortização. Os ativos fixos intangíveis compreendem: gastos com estudos, com experiências e testes, com organização, assistência técnica, marcas, patentes, juros (custos do capital) etc.

Depreciações e obsolescências

Indicar quanto do ativo fixo estará sujeito à depreciação, obsolescência ou esgotamento. A diminuição de valor é denominada depreciação, que pode ser física, (decorrente de deterioração física – por exemplo, uma máquina comprada nova e que se desgasta ao longo da vida do projeto), contábil (quando um índice padrão é aceito pelo mercado) ou de mercado (por exemplo, quando um bem, mesmo sem uso, deve ser revendido e perde valor devido a mudanças tecnológicas ou de gosto dos consumidores).

A obsolescência é a perda de valor de um bem renovável decorrente do progresso da técnica, de novas tecnologias etc. Esgotamento é a perda de utilidade e do valor de um bem não renovável, como uma mina, por exemplo.

Todo bem ou serviço tem uma vida útil, isto é, uma utilidade e, consequentemente, um valor que vai sendo diminuído por depreciação, obsolescência ou esgotamento. É essa perda de valor, devida ao uso no ou pelo projeto que devemos indicar.

Cálculo da depreciação

O resultado do cálculo da depreciação (desvalorização) dos ativos renováveis utilizados no projeto deve ser acrescido ao custo do projeto. Por exemplo, uma máquina comprada ou cedida e que é utilizada durante o projeto desvaloriza-se substancialmente.

Essa desvalorização pode ser calculada com base na experiência de mercado, como é feito, por exemplo, no caso de automóveis e outros bens de consumo, que se desvalorizam rapidamente quando novos e mais lentamente à medida que são usados.

Para grande parte dos bens, não havendo um mercado tão transparente como o de automóveis, a desvalorização por uso deve ser calculada conta-

> **DEPRECIAÇÃO LINEAR**
>
> Perda de valor de algum ativo em decorrência do uso, da ação do tempo, da obsolescência tecnológica ou da redução no preço de mercado. A depreciação corresponde ao montante de 3% sobre o valor atualizado do imobilizado.

bilmente. Para alguns desses bens, de uso mais comum, existem tabelas de depreciação. Para outros, a depreciação deve ser estimada.

A depreciação linear é a mais utilizada das formas de cálculo de depreciação em projetos. Ela é obtida extraindo-se da duração do projeto em anos a fração do investimento no ativo dividida pelos anos esperados de vida desse ativo.

> **EXEMPLO**
>
> Uma máquina que valha 100 unidades monetárias e que tenha uma vida operacional esperada – isto é, desde o momento da aquisição até o momento em que para de funcionar ou se torna obsoleta – de 20 anos, terá uma depreciação linear anual de cinco unidades.
> Para um projeto de seis meses, o custo de depreciação dessa máquina será de 2,5 unidades monetárias.

Ou seja:

$$\text{Depreciação linear} = \text{Duração de projeto em anos} - \frac{\text{Ativo fixo renovável}}{\text{Anos esperados de vida operacional}}$$

Outra forma de trabalhar com a depreciação é dada pelo estabelecimento de um fundo de amortização. Nesse caso, os cálculos são um pouco mais complicados.

Para constituir um fundo de amortização, supõe-se que ao final de cada ano seja depositada uma cota fixa, a juros compostos, de forma que ao fim do período previsto de vida do ativo a soma acumulada seja igual ao investimento. O cálculo de amortização é obtido multiplicando-se o investimento pelo fator de amortização, dado pela fórmula:

> **FUNDO DE AMORTIZAÇÃO**
>
> Processo de extinção da dívida através de pagamentos periódicos, em que cada prestação corresponde à soma do reembolso do capital ou dos juros do saldo devedor, podendo ser o reembolso de ambos. Através desse processo, o valor total da dívida cai, de forma que as prestações tendem a diminuir ao longo do financiamento.

$$\text{Fator de amortização} = \frac{i}{(1+i)^n - 1}$$

Em que i é a taxa de juros e n a duração esperada em anos do ativo, de forma que, ao fim do projeto, o fundo constituído seja igual ao valor depreciado do bem.

Para outros tipos de projetos haverá um fenômeno inverso: o da apreciação do bem pelo uso. Uma planta ociosa que volta a ser utilizada pode ter seu valor apreciado ou, o que é mais comum, sua depreciação atenuada.

Os custos de um projeto que compõe um programa devem ser rateados com os outros projetos.

A maneira de encontrar a proporção ideal de distribuição varia, naturalmente, de programa para programa.

Para fins da configuração do projeto, são importantes:

- *inversões comuns* – o rateio é obtido mediante a determinação dos recursos que o projeto compartilha com outros, do mesmo programa e da respectiva proporção;
- *peso* – o rateio é obtido mediante o cálculo do peso relativo (percentual) em produção, investimentos etc. do projeto em relação ao programa.

CONCEITO-CHAVE

O capital de giro indica os recursos correntes necessários às operações de geração do produto/serviço do projeto.

No capital de giro estão incluídos: os estoques de matérias-primas, de produtos semiacabados e de produtos acabados; os créditos com fornecedores, os títulos em carteira, os saldos em caixa etc. No caso de projetos de instalação é comum serem incluídos no capital de giro os recursos necessários a operações de teste ou à colocação do projeto em marcha.

EXEMPLO

Um projeto na área social que se destine ao atendimento médico de uma determinada população pode ter como produto "o posto de saúde instalado", ou "o posto de saúde tendo sido operado por uma semana"; uma unidade de produção pode ser entregue "instalada" ou "testada e operando", e assim por diante.

Essa opção deve vir indicada nos objetivos, na matriz de estrutura lógica e estar refletida em todos os passos de configuração, principalmente porque os custos e, consequentemente, os investimentos, são diferentes para cada caso.

Caso o projeto preveja alguma forma de receita ao longo de sua existência – nunca é demais insistir que aqui se trata da existência do projeto e não a do produto/serviço a ser por ele gerado – deve-se calcular também o capital de giro líquido, isto é, o capital de giro diminuído das receitas, conforme a seguinte fórmula:

Cálculo do capital de giro (mensal)
Sejam: Cg = capital de giro Mp = custo da matéria-prima consumida em um mês de produção Emp = estoque normal de matérias-primas Pf = prazo, em meses, de crédito concedido pelos fornecedores Mob = custo mensal da mão de obra Dg = despesas gerais mensais Tpc = tempo, em meses, de transformação das matérias-primas em material acabado Tpa = prazo médio de permanência dos produtos acabados em estoque Fm = faturamento mensal Pmv = prazo médio de vendas, em meses % = porcentagem do faturamento descontado Cb = créditos bancários O capital para giro mensal será de: Cg = Mp x (Emp – Pf) + (Mp + 0,5 Mob + 0,5 Dg) x Tpc + (Mp + Mob + Dg) x Tpa + Fm x Pmv x (1 - %) – Cb

Fonte: Baseado em Simonsen e Flanzer (1974).

Cronograma de investimentos

Um cronograma de investimentos nos indica os montantes e as datas em que os recursos deverão estar disponíveis. Daí a importância de sua elaboração.

O cronograma de investimentos é parte integrante do cronograma geral do projeto, mas muitos investidores/patrocinadores requerem que seja apresentado separadamente e com indicações precisas sobre as fontes e a utilização dos recursos.

O quadro "fontes e usos" é um instrumento consagrado a esse fim. A maneira de encontrar a proporção ideal de distribuição varia, naturalmente, de programa para programa. Para fins da configuração do projeto, o importante é demonstrar:

- *inversões comuns* – que recursos o projeto compartilha com outros do mesmo programa e em que proporção?
- *peso* – qual o peso em produção, investimentos etc. do projeto em relação ao programa?
- *rateio* – como devem ser rateados os custos compartilhados pelos vários projetos que compõem o programa? Os métodos de rateio mais frequentes são baseados:
  a. no custo alternativo (o incremento no custo do projeto se tivesse que prover sozinho os bens e serviços compartilhados);
  b. no uso de instalações e equipamentos;
  c. nas receitas ou prioridades.

Projetos com maior retorno ou com maior prioridade têm peso maior.

Ao apresentar projetos para obtenção de fundos, devemos pesquisar o perfil da instituição que irá ceder os recursos e sua forma de operar.

> **COMENTÁRIO**
> A maioria das instituições tem formulários de propostas que devem ser preenchidos e entregues antes de se iniciar a negociação propriamente dita.

Os perfis variam muito de organização para organização. Há organizações que consideram qualquer projeto versando sobre qualquer assunto. No outro extremo, existem organizações que só levam em conta aqueles que se encaixam perfeitamente em prioridades predefinidas em um campo relativamente estreito da atuação.

Qualquer que seja o procedimento adotado, para tornar o projeto aceitável para as instituições financiadoras, deve-se realizar um trabalho prévio, o chamado "dever de casa", que compreende as seguintes ações:

- especificar claramente o objetivo do projeto;
- descrever o produto/serviço a ser gerado;
- identificar o nicho de atuação, isto é, descrever sucintamente o setor de atuação do projeto e a inserção dele nesse setor;
- indicar as necessidades e os procedimentos para aquisições;
- procurar deduzir por que alguma instituição poderia se interessar em financiar um projeto desse tipo;
- verificar para quais instituições o projeto é mais adequado (fundações públicas ou privadas, empresas e corporações, governos, pessoas físicas, organizações internacionais etc.);
- verificar se projetos similares estão sendo financiados, quem são os financiadores e se há lugar para mais um projeto nessa área;
- explicar cuidadosamente como o projeto se encaixa nas prioridades do financiador em potencial;
- reconhecer o ambiente, isto é, rever a literatura disponível e consultar pessoas e organizações que possam ser afetadas positiva ou negativamente pelo projeto. Sempre que possível, devem-se reunir dados ou fazer levantamentos que possam dar sustentação quantitativa à argumentação a ser levada ao potencial financiador;
- listar as garantias físicas e financeiras que podem ser oferecidas aos financiadores;
- uma vez reunidas essas informações, deve-se dar um perfil empresarial à apresentação do projeto;

- seguir religiosamente os procedimentos indicados pelos financiadores. Não se devem saltar etapas.

A etapa de negociação é crucial para o sucesso do projeto. Ao lidar com os funcionários das instituições financiadoras, deve-se levar em conta o seguinte:
- trata-se de uma venda, não de um pedido;
- o objetivo é que a empresa se interesse pelo projeto, não pela pessoa que o apresenta;
- os contatos devem sempre ser pessoais, evitando-se contatos telefônicos, via e-mail etc., a menos que não haja alternativa ou que seja esse o procedimento recomendado pelo financiador. As pessoas que têm dinheiro ou poder para dar dinheiro recebem pilhas de telefonemas por dia e são ocupadas demais para distinguir com quem falam. A correspondência não oficial, do tipo folder, cartas etc., quando passa pelas secretárias, é empilhada sobre suas mesas até o final do dia ou da semana, quando vai para o lixo;
- é importante definir claramente o propósito da reunião e tentar prever os resultados possíveis. De forma alguma deve-se ir a uma reunião desse tipo sem um documento que possa ser deixado com o funcionário da instituição ou com o financiador. Pode ser o resumo do projeto, o projeto na íntegra (se já estiver pronto), um relatório etc.
- é imprescindível ser breve e utilizar vocabulário específico, mas com termos familiares;
- não se deve ler, mas expor, e citações devem ser evitadas;
- entusiasmo deve fazer parte da apresentação;
- se necessário, pode-se ilustrar a apresentação, mas sem exageros. O recomendável é uma transparência ou slide para cada 15 minutos e uma informação por transparência ou slide. Acima de tudo, não se devem apresentar gráficos saturados, que relacionam tudo com tudo. Os financiadores de projeto não precisam ser lembrados de que a vida é complicada e o mundo é um mar de relações confusas;
- deve-se deixar claro que, mais que o investimento financeiro, trata-se do investimento do tempo e dos recursos da organização;
- deve-se demonstrar conhecimento técnico sobre o tema do projeto (*expertise*) e, principalmente, que é possível operá-lo com sucesso;
- não se deve dizer que a realização do projeto depende inteiramente da pessoa ou da instituição com a qual se está negociando. Isso soa como fraqueza e lamentação;
- deve ficar claro que as pessoas envolvidas no projeto podem fazer o que o respectivo gestor pretende que elas façam;

- questionamentos e observações desafiadoras sempre ocorrem, e deve-se estar preparado para isso;
- não se deve parecer defensivo;
- queixas sobre os absurdos nos procedimentos da instituição financiadora não são bem-vindas. Doadores e funcionários que têm poder de decisão detestam gente rabugenta;
- após cada reunião, deve-se escrever uma memória curta do que foi discutido e enviar uma cópia para as pessoas que participaram.

A proposta deve contemplar a seguinte estrutura mínima:

1	O problema
2	Significância
3	Propósito – (produto/serviço)
4	Relação com as prioridades do financiador
5	Como o propósito será atingido
6	Resultados diretos e indiretos esperados
7	Estrutura do projeto (quando, quem, quanto)
8	Suporte da sua organização
9	Qualificação das pessoas envolvidas

A proposta deve atender, ainda, às indicações contidas na *checklist* a seguir:

	Sim	Não
1	Várias possibilidades de financiamento	Fonte única de financiamento
2	De acordo com as prioridades do financiador	Relação fraca com as prioridades do financiador
3	"Vendável" para outros financiadores	Dirigido a uma só instituição
4	Inovador	*Déjà vu*
5	Conhecimento do setor	Genérico
6	Produto/serviço definido	Produto/serviço vago
7	Garantias	Sem garantias
8	*Expertise*	Novato
9	Custos específicos	Despesas correntes
10	Proporcional	Muito grande ou muito pequeno
11	Completo	Viabilidade ou pré-projeto
12	Dirigido a públicos específicos	Autocentrado
13	Resolve um problema	Paliativo
14	Filantrópico	Caritativo
15	Realizável sem o financiador	Dependente inteiramente do financiador

> **CONCEITO-CHAVE**
>
> Riscos são ocorrências negativas passíveis de incidirem sobre o projeto. Os riscos são dados pelo conjunto de efeitos e de externalidades negativas.

Falhas na configuração também podem representar riscos para o projeto, como admitir pouca margem de erro no cronograma ou no orçamento, deixar passar erros e omissões nas especificações de recursos, ter definições de responsabilidades truncadas ou pouco claras, ter erros e omissões na especificação de efeitos e externalidades.

Os projetos que envolvem a produção ou a geração de serviços inéditos, inovadores ou revolucionários envolvem mais risco do que outros. Tais riscos podem ser calculados e minimizados mediante a descrição sistemática e tão exaustiva quanto possível dos efeitos e externalidades positivas e negativas, da coleta de informações sobre a história recente do setor, área, mercado, públicos etc., e da coleta de dados de mercado e informações comerciais.

A figura a seguir compara a evolução das taxas de risco agregadas de um projeto como o seu ciclo de vida. As taxas de risco associadas são máximas na fase de lançamento, e declinam até o término das atividades.

O lançamento assinala o momento da conversão, isto é, o momento em que a maior parte dos recursos financeiros é, efetivamente, alocada e o compromisso com o projeto torna-se irreversível. A taxa de risco é maior porque a exposição dos financiadores é alta e os resultados ainda estão por aparecer.

As formas de atenuação de risco examinadas no passo referente à sequenciação e à adoção de esquemas como o da periodização por abordagem podem atenuar substancialmente a taxa máxima de risco.

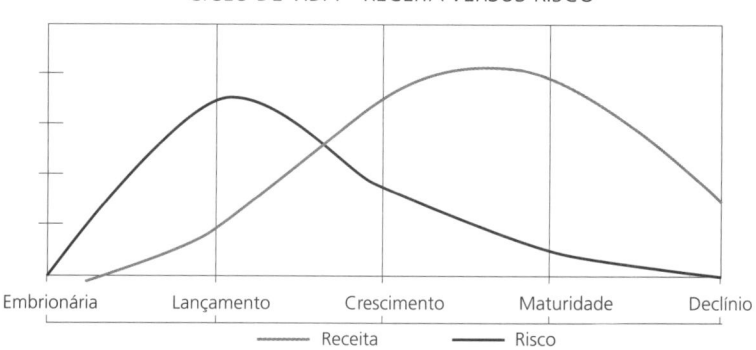

CICLO DE VIDA – RECEITA *VERSUS* RISCO

Embrionária — Lançamento — Crescimento — Maturidade — Declínio

——— Receita ——— Risco

Muito embora o cálculo de risco tenha perdido importância nos últimos anos, principalmente devido à pouca confiabilidade e à complexidade das técnicas de quantificação, ele continua sendo essencial para a configuração de tipos de projetos. Entre as técnicas mais utilizadas constam o cálculo da probabilidade de que um dado evento de risco venha a ocorrer – por exemplo, alterações climáticas bruscas – e a estimativa de ganhos e perdas decorrentes de eventos prováveis.

Os instrumentos básicos de decisão podem ser úteis para esses cálculos. Já a tomada de decisão envolve quatro elementos básicos, que são:

- diferentes alternativas de ação representadas aqui pelos diferentes produtos/objetivos que irão dar surgimento ao projeto – denominadas "estratégias" pelas teorias de decisão;
- variáveis fora do controle que poderão incidir sobre o projeto, tais como as externalidades – tecnicamente conhecidas como "estados da natureza";
- consequências conhecidas, prováveis ou estimadas da ocorrência de cada "estado da natureza" em relação a cada "estratégia";
- probabilidade de ocorrência de um "estado da natureza".

Esses elementos são dispostos em uma "árvore de decisão" ou, mais comumente, em uma "matriz de resultados". Atualmente, uma série de softwares é utilizada para orientar a disposição dos elementos de decisão e para efetuar os cálculos necessários às decisões mais complexas. Decisões mais simples podem ser tomadas com base em árvores ou matrizes como a exemplificada a seguir.

RECEITA LÍQUIDA ESPERADA

Estratégias	Estados da natureza		
	Baixa demanda	Demanda média	Alta demanda
Projeto 1 Produção pequena	100	90	80
Projeto 2 Produção média	90	100	90
Projeto 3 Produção grande	70	80	110

Existem três condições em que uma decisão pode ser tomada: certeza, risco e incerteza.

As decisões tomadas em situação de certeza requerem apenas a enumeração exaustiva de todas as estratégias – projetos – disponíveis e seus resultados possíveis. A matriz de decisão é unicolunar, isto é, inexistem "estados da natureza", mas tão somente o evento de ocorrência assegurada. Tomando como certa a ocorrência de uma demanda alta, a decisão recairia sobre o Projeto 3, conforme visto no quadro anterior. A dificuldade em decisões desse tipo reside em estimar corretamente os ganhos ou perdas decorrentes de cada opção.

Nas decisões tomadas em situação de risco, atribui-se a probabilidade de ocorrência de cada estado da natureza, associando-o com os resultados esperados, como no exemplo a seguir.

MATRIZ DE RESULTADOS PARA SELEÇÃO DE PROJETO

Receita líquida esperada				
Estratégias	Estados da natureza			Valor esperado
	Baixa demanda	Demanda média	Alta demanda	
Probabilidades	25%	50%	25%	Σ
Projeto 1 Produção pequena	100 x 0,25	90 x 0,5	80 x 0,25	90
Projeto 2 Produção média	90 x 0,25	100 x 0,5	90 x 0,25	95
Projeto 3 Produção grande	70 x 0,25	80 x 0,5	110 x 0,25	85

POR QUE A OPÇÃO DEVERÁ RECAIR SOBRE O PROJETO 2?

Para as decisões em situação de total incerteza sobre os estados da natureza possíveis, os dois processos utilizados com maior frequência são os de atribuição arbitrária de riscos – como o cálculo correspondente – e o do pesar.

O método do pesar consiste simplesmente em escolher a estratégia em que a maior perda possível é mínima. No nosso exemplo, o Projeto 2, em que o risco maior, qualquer que seja o estado da natureza, é de uma receita mínima de 90 unidades.

CONCEITO-CHAVE

A ação preventiva em relação aos riscos do projeto compreende:
- identificação;
- análise e avaliação do risco;
- proteção;
- criação de planos de contingência.

A identificação e a análise dos riscos são feitas levando-se em conta os riscos operacionais, os de administração e marketing, os financeiros e os institucionais e legais. Essa identificação busca detectar efeitos indesejáveis de ocorrências que possam incidir sobre cada uma das atividades previstas, a magnitude do impacto sobre a atividade e sobre o projeto, e a probabilidade de ocorrência.

Tipos de riscos
Riscos operacionais: • comunicações; • custos acima do orçamento (*cost overruns*); • esperas e atrasos; • transporte; • recursos; • eventos não previsíveis (como catástrofes). Riscos de administração e marketing: • flutuações no mercado; • competidores; • obsolescência; • custos operacionais. Riscos financeiros: • flutuações nas taxas de juros; • flutuações na taxa de câmbio; • flutuações nos custos de insumos; • flutuações nos preços do produto/serviço; • mudanças em tarifas; • mudanças nas exigências de crédito. Riscos institucionais e legais: • instabilidade política; • expropriações; • mudanças na legislação; • prejuízos de terceiros (como o risco de provocar desastre ambiental); • dissociação, quando um financiador desiste de financiar sua parte.

Os riscos devem ser dispostos de acordo com a magnitude do impacto e a probabilidade de ocorrência. Uma matriz de análise, tal como exemplificada a seguir, é útil para essa análise e para informar sobre as respostas às situações de risco.

MATRIZ DE ANÁLISE DE RISCO

Atividades	Ocorrência negativa (risco)	Magnitude do impacto	Probabilidade de ocorrência
A1			
A2			
A3			
An			

> **COMENTÁRIO**
> Para encontrar a resposta mais conveniente a situações de risco, devemos imaginar, para cada atividade, o que poderia dar errado.
> O truque é ser o mais pessimista possível.

O tratamento dos riscos do projeto na fase de configuração se dá pela montagem de estratégias de resposta, tais como flexibilização dos elementos de configuração, criação de planos de contingência para os maiores riscos, inclusão de formas de securitização do projeto. Para alguns riscos é factível, em termos de custos × benefícios, a cobertura tradicional dada pelas apólices de seguros. Para outros, a segurança pode vir de contratos de contingência, como contratos de preços mínimos para o setor agrícola, ou de dispersão do risco entre patrocinadores ou com os fornecedores, os clientes etc.

A análise de cenários muitas vezes indica a probabilidade de ocorrência de situações de risco. Muito embora nada possa ser feito para livrar o projeto de riscos, podemos certamente reduzi-los ou desviar seu curso de situações como essa mediante a configuração de instrumentos preventivos. Entre as práticas e instrumentos utilizados com melhor resultado, destacam-se as que se seguem.

Duplicidade

Consiste em duplicar os recursos, atividades e tarefas que possam se encontrar em situação de risco. Essa duplicidade pode incluir desde os sobressalentes, as peças de reposição até a conformação de duas fontes de informação ou de recursos. A ideia é de que tudo que possa envolver risco seja dúplice, tenha duas ou mais origens, venha ou vá por dois ou mais canais etc.

Ao contrário do que possa parecer, essa é uma prática que, se adotada tecnicamente, implica custos marginais nulos ou reduzidos. É frequente que sistemas concorrenciais internos ao projeto, face ao estímulo da competição, gerem reduções de tempo e de custos.

Emergência programada

Consiste em mapear recursos, atividades, canais etc. que possam ser acionados no caso de falhas operacionais ou de ocorrências não previsíveis. É o mesmo princípio que nos leva a manter por perto os telefones dos bombeiros, das ambulâncias etc.

Absorção

Consiste em considerar a situação de risco uma ocorrência factual. Essa prática é útil somente para situações em que o risco envolvido implica custos e perdas de tempo reduzidos.

Transferência

Significa passar o risco para os fornecedores, parceiros, financiadores etc. A transferência de risco implica custos equivalentes ao do prêmio de um seguro. O exemplo mais comum de transferência de risco são os contratos a preços fixos, em que o fornecedor garante o preço.

Logicamente, o custo do recurso aumenta na medida em que os fornecedores embutem o risco como *pro rata* nos seus preços. Ainda assim, essa é uma prática conveniente para mercados instáveis, para recursos escassos etc.

Seguro

Talvez a forma mais óbvia de prevenção contra incertezas, o seguro é pouco usado em projetos fora dos Estados Unidos. Sempre altamente recomendado na literatura técnica norte-americana, o seguro, tanto na Europa quanto nas regiões emergentes, é extremamente oneroso.

No entanto, há um grupo de itens para os quais o seguro pode ser conveniente. Em linhas gerais, os prêmios são caros devido à pouca tradição, o que não permite ganhos de escala às seguradoras transferíveis aos segurados, a falta de concorrência e ao despreparo de corretores atuários e especialistas em seguros para lidar com riscos não convencionais, como os que incorrem em projetos. Isso leva a que apenas os prêmios para riscos convencionais, como os contra incêndio, furtos etc., sejam, algumas vezes, suportáveis.

Compartilhamento

Significa dividir os riscos com parceiros, fornecedores etc. Um exemplo de compartilhamento de riscos é quando prêmios de seguros, custos de absorção etc. são divididos entre a instituição matriz do projeto e o próprio projeto. Essa forma é um dos motivadores do incremento recente de realizações em parceria por duas ou mais instituições.

O ponto focal para um controle efetivo do projeto é o princípio de que cada atividade deve ter um responsável expressamente indicado (*accountability rule*). A matriz de responsabilidades a seguir resume esse propósito em um quadro único.

MATRIZ DE RESPONSABILIDADE DO PROJETO

Cargo ➡	Coordenador	Operador	...	
Nome ➡	João	Pedro	...	
Atividade 1	x			
Atividade 2		x		
Atividade 3	x			
......				
......				
Atividade n				x

As regras básicas para formulação do plano de controle são as que seguem.

Medida
Cada atividade deve gerar um resultado mensurável, ainda que não em termos quantitativos. Se a atividade encerra mais de um resultado, é conveniente fragmentá-la.

Simplicidade
Todo controle encerra um custo; quanto mais elaborado o controle menos eficiente. Os gastos em controle, tanto financeiros como de mobilização de recursos, devem ser proporcionais ao orçamento do projeto.

Acuidade
Os controles devem estar centrados nos pontos críticos do projeto.

Relevância
Os controles servem para assegurar que as atividades ocorram como planejado. Deve-se considerar tanto a relevância interna – as necessidades do projeto – quanto a externa – as exigências de financiadores e reguladores. Se o controle não for decisivo em um ou outro sentido, deve ser eliminado.

Significância
Os controles só têm sentido se podem alimentar medidas corretivas a tempo. Se o controle não contribuir para corrigir falhas, tente suprimi-lo.

Especificidade
O instrumento de controle deve ser apropriado ao que se quer medir. Em projetos, as intenções e esforços contam pouco. O que vale é o valor agregado ao

objetivo proposto. Por exemplo, itens como assiduidade contam muito menos do que produtividade.

Tolerância
As margens de erro admitidas devem ser claramente definidas. Controles com margens estreitas de tolerância tendem a engessar a administração do projeto.

Controle de performance

O estudo de financiamento do projeto é a contrapartida direta do demonstrativo de investimento.

Enquanto o demonstrativo de investimento indica as necessidades e usos para os recursos, o estudo de financiamento indica a forma de obter esses recursos e as suas fontes.

Ao configurar um projeto, devem-se indicar suas necessidades financeiras, a viabilidade de satisfação dessas necessidades, as possíveis fontes de recursos e os usos que lhes serão dados.

Basicamente, existem duas distinções a serem explicitadas sobre o aporte de capital no estudo de financiamento: a primeira, referente à separação entre capital próprio e capital de terceiros; a segunda, referente ao tipo de capital de terceiros.

> **DICA**
> Capital é o montante de recursos financeiros a serem investidos no projeto.
> Capital próprio é o somatório das contribuições do seu proprietário, dos seus sócios ou seus acionistas.

O proprietário, os cotistas ou acionistas fazem aportes de fundos – isto é, assumem os riscos de inversão – contra o direito de controle e gestão do projeto e, logicamente, dos benefícios ou de parte dos benefícios por ele gerados. O capital próprio pode ser aumentado ao longo da vida do projeto por novos aportes ou pela reinversão de lucros.

O capital de terceiros ou capital alheio pode ser obtido por meio de empréstimos, colocação de bônus e obrigações no mercado de capitais. Os empréstimos podem ser obtidos junto a instituições financeiras ou junto a instituições de fomento setoriais, regionais, nacionais e estrangeiras. Os "terceiros" ou aportadores de capital exigirão uma série de informações e garantias sobre a viabilidade do projeto, o retorno do investimento, a credibilidade dos seus gestores etc.

> **APORTES DE FUNDOS**
> Volume de recursos aplicados pelos investidores em algum empreendimento.

São essas informações e garantias que lhes darão elementos sobre a viabilidade, isto é, que lhes permitirão avaliar seu interesse em assumir o risco de investir no projeto.

A relação entre o capital próprio e o capital de terceiros é denominada alavancagem.

O capital de terceiros funciona como uma alavanca, permitindo ao projeto alcançar objetivos e dimensões que não seriam possíveis com o capital próprio.

> **ALAVANCAGEM**
> Poder de comprar um ativo sem ter dinheiro em caixa. As opções e os contratos futuros são exemplos de operação para obter alavancagem. Ressalte-se que quanto maior o grau de alavancagem, maior o risco.

A participação de terceiros também contribui para a diluição dos riscos, o menor custo do capital, a ampliação da rede de contatos e compromissos do projeto, incluindo o que isso possa significar em termos de facilidades de mercado, como a utilização de canais de distribuição, fontes de informação etc., e eventuais vantagens fiscais.

Um projeto em que essa participação é muito alta apresenta outros riscos. Se muito alavancado, pode ter sua gestão prejudicada por interferências externas e fica preso a compromissos com os aportadores de recursos, entre os quais destacamos:

- *prazos de vencimento* – o momento, em geral rigidamente estabelecido, em que o aporte, ou a parcela do aporte mais o rendimento, deve ser amortizado;
- *prioridades* – normalmente os aportadores externos de recursos têm prioridade na distribuição de lucros e nos direitos sobre os ativos do projeto;
- *normas das instituições financiadoras* – principalmente quando se trata de financiamento governamental, essas normas costumam ser bastante rígidas não só no que tange aos aspectos legais como, em geral, no que se refere às externalidades e aos efeitos negativos.

O eventual financiador do projeto poderá seguir os mais diversos critérios na seleção de suas prioridades. Uma década atrás, os critérios adotados ainda eram quase que exclusivamente financeiros. Muito embora hoje em dia tenham perdido a exclusividade, esses critérios continuam a ser os mais relevantes.

No que tange à configuração financeira do projeto, são calculados os indicadores utilizados com maior frequência. Esses indicadores podem ser decisivos na negociação para obtenção de recursos, motivo pelo qual é importante conhecer as suas características e apresentá-los de forma conveniente à aceitação do projeto tal como foi configurado.

> **SELEÇÃO POR *PAYBACK***
> Período de vida de um projeto necessário para a recuperação do respectivo investimento inicial.

A seleção por *payback* é o critério mais utilizado tanto por investidores privados quanto por empregados de agências governamentais, embora raramente isso seja declarado. A razão é simples: quanto mais rapidamente o investimento for coberto, mais rapidamente cessam os riscos.

Dessa forma, em que pese às declarações oficiais e a fragilidade do indicador – que não mede rentabilidade e não dimensiona a intensidade dos riscos –, o período de *payback* tem um peso ponderável em toda avaliação para seleção de projetos.

> **COMENTÁRIO**
>
> No caso de projetos apresentados a organismos governamentais, o indicador tem uma relevância ainda maior, dado o prazo de mandatos e a necessidade política de apresentar resultados rapidamente.
> Na negociação, portanto, é indicado enfatizar o período de *payback* se ele for curto ou estiver dentro do período de mandato do decisor; caso contrário, procurar desviar a atenção para outros indicadores.

A seleção por valor presente líquido também é de utilização genérica, uma vez que indica o montante líquido dos ganhos de um projeto. Na negociação devem ser enfatizadas a rentabilidade e a articulação risco/retorno.

No caso de projetos sem fins lucrativos, como a maioria dos apresentados a governos, o valor presente líquido será, naturalmente, negativo. O importante na negociação é tentar demonstrar que a relação entre ganhos não econômicos e investimento é positiva.

> **ARTICULAÇÃO RISCO-RETORNO**
>
> Diz respeito à relação diretamente proporcional entre risco e retorno, isto é, se o objetivo de retorno de um investidor, por exemplo, é elevado, o risco certamente será maior.

Outro indicador é a seleção por taxa interna – mais utilizada por financiadores que trabalham com grandes carteiras de projetos. Em situações de risco inflacionário alto, isto é, de flutuações imprevisíveis nas taxas de inflação, a taxa interna de retorno é extremamente útil, dada a facilidade de se embutirem os números da inflação nos cálculos e de se trabalhar com vários cenários financeiros.

Outros fatores, como o montante total do investimento, margens, custos de oportunidade etc. serão considerados pelos eventuais financiadores.

Da mesma forma, para os demais envolvidos na negociação é essencial que se conheçam os critérios adotados e que se esteja apto a responder aos quesitos requeridos. É necessário, também, ter em

> **TAXA INTERNA DE RETORNO**
>
> Percentual de retorno obtido sobre o saldo investido e ainda não recuperado em um projeto de investimento. Matematicamente, a taxa interna de retorno é a taxa de juros que torna o valor presente das entradas de caixa igual ao valor presente das saídas de caixa do projeto de investimento.

mente que as principais queixas dos encarregados de analisar as condições financeiras de projetos recaem sobre a pouca confiabilidade ou a simples inexistência dos dados, sobre os erros de cálculo – que lhes parecem propositais no caso de favorecerem o projeto e fruto de negligência, no caso inverso – e sobre a tentativa de escamotear informações.

As fontes mais usuais de financiamento de projetos são as que se seguem.

Projetos privados
• Autofinanciamento (fonte interna, em geral proveniente de lucros retidos). • Levantamento de empréstimos junto a instituições públicas de fomento. • Levantamento de empréstimos junto a companhias de crédito e financiamento. • Empréstimos de instituições estrangeiras. • Levantamento de empréstimos junto a bancos de investimento. • Facilitação das exigências de cobertura cambial para importação de equipamentos. • Colocação de títulos através de bancos de investimento (*underwriting*). • Colocação de títulos diretamente no mercado de capitais. • Incentivos fiscais, comum em setores como o de reflorestamento e em regiões menos desenvolvidas. • Renúncia fiscal, como no caso da cultura. • Doações. • Créditos de fornecedores.

Projetos públicos
• Impostos e tributos (recursos orçamentários e extraorçamentários). • Fundos. • Tarifas de serviços públicos e lucros. • Empréstimos internos e externos.

O quadro de fontes e usos do projeto é um resumo das origens ou fontes de financiamento e dos destinos a serem dados a esses recursos.

QUADRO DE FONTES E USOS

Fontes	Valor	Valor acumulado
Próprias (autofinanciamento)		
Empréstimos		
Banco 1		
...		
Receita		
...		
...		
Total das fontes		

Fontes	Valor	Valor acumulado
Usos		
Capital fixo		
Terrenos		
Edificações		
...		
...		
Capital de giro		
...		
...		
Total dos usos		

As listagens a seguir são utilizadas para a inserção de informações essenciais em relatórios de progresso e em relatórios de pós-projeto.

RELATÓRIO DE PROGRESSO

Data do relatório
Relator(es)
Identificação do projeto
Data início e data prevista de término
Objetivo – produto/serviço
Período abarcado pelo relatório
Mudanças nos objetivos do projeto
Atrasos e adiantamentos
Problemas e imprevistos ocorridos
Problemas previstos
Mudanças a serem efetuadas no projeto
Comentários

RELATÓRIO DE PÓS-PROJETO (*POST-MORTEM ANALYSIS*)

Identificação do projeto
Data do relatório
Relator(es)
Cumprimento dos objetivos e metas
Razões para não cumprimento de objetivos e metas
Dispêndios e razões para diferenças entre o projetado e o realizado
Receitas e razões para diferenças entre o projetado e o realizado
Cronograma e razões para diferenças entre o projetado e o realizado
Que fatores contribuíram para os aspectos avaliados negativamente
Que fatores contribuíram para os aspectos avaliados positivamente
O que poderia ter sido feito de outra maneira
Recomendações para futuros projetos

Ao apresentar um projeto para deliberação de eventuais financiadores, devemos atentar para algumas questões. A primeira delas é que os financiadores podem ter intenções filantrópicas, mas raramente se dedicam à caridade. Raramente a missão dos organismos financiadores está voltada para necessidades imediatas ou projetos emergenciais. Eles têm em vista a causa dos problemas, não os seus efeitos. Em outras palavras, eles dão preferência a projetos focados na solução de problemas. Em vez de projetos relacionados à provisão de alimentos, de abrigo etc., esses organismos, bem como os financiadores particulares, preferem aqueles voltados para a educação, para as causas do desemprego etc.

Além disso, os financiadores preferem projetos novos àqueles já em curso. Primeiramente, porque projetos em andamento podem transformar-se em organizações estáveis, tornando-se uma obrigação permanente para quem os financia. Segundo, porque é mais fácil controlar um projeto novo do que estabelecer novos controles em um que já se encontre em andamento. Terceiro, porque o perfil e a imagem de um projeto podem ser mais bem-controlados quando são estabelecidos no seu lançamento.

Por fim, os interesses de marketing são diferentes para financiadores diferentes. Um número apreciável de financiadores – como a maior parte das fundações norte-americanas – tende a evitar publicidade porque procura proteger-se das controvérsias e da propensão da mídia para criar escândalos. No outro extremo, temos as corporações ávidas por reconhecimento, publicidade etc.

Antes de procurar um financiador que possa estar interessado no marketing baseado no projeto, tente responder às seguintes questões:

- O projeto poderá gerar publicidade?
- O projeto poderá associar o financiador a uma boa causa?
- O projeto poderá criar uma base de novos clientes?

Muitas vezes o financiamento ou a doação não estão ligados às atividades dos financiadores; por isso, é importante procurar sempre vários deles. As organizações e os particulares que financiam projetos são sensíveis à possibilidade de alavancagem de fundos.

Os financiamentos alternativos são um ponto de venda importante porque se o projeto pode ser "vendido" para outros financiadores, seu impacto é multiplicado e os riscos do financiamento são divididos. Pela mesma razão os financiadores dão preferência a projetos com prazos e custos bem-definidos.

Os grandes organismos financiadores tendem a rejeitar pequenos projetos porque os custos fixos e o trabalho decorrente de um projeto de grande impacto são muito próximos daqueles originários de um projeto de pequeno impacto. Organizações pequenas, em geral, são atraídas por projetos não muito dispendiosos.

> **COMENTÁRIO**
>
> Ao orçar um projeto devemos considerar a possibilidade de uso de bens e serviços disponíveis. Apoio material e intelectual é mais fácil de obter do que dinheiro.

É mais fácil obter-se dinheiro e bens de consumo do que bens duráveis. Propostas para obtenção de bens duráveis e de serviços permanentes tendem a ultrapassar as disponibilidades dos financiadores e, muitas vezes, excedem o montante limite de decisão do funcionário responsável.

> **COMENTÁRIO**
>
> Não peça financiamento pessoal. Pleitear em causa própria é impopular entre financiadores, além de ser ilegal em alguns países – como no caso dos EUA. Os beneficiários dos projetos devem ser os outros.

Muitos financiadores veem com bons olhos a utilização de disponibilidades, tais como recursos (inclusive humanos), consultoria (marketing, finanças, planejamento etc.), ou da capacidade ociosa de serviços internos (computação, audiovisual, correio, transportes, telecomunicações etc.).

Financiamentos para estudos de viabilidade são difíceis de obter porque os financiadores resistem a se verem comprometidos com os projetos que se seguem aos estudos de viabilidade.

Fechamento do projeto

O *output* da elaboração é o documento do projeto, um memorial em que o projeto é tecnicamente descrito.

O documento do projeto deve ser preparado de modo a atender às necessidades de negociação na busca por apoio e de esclarecimento para a equipe executora.

Na maior parte dos projetos a negociação mais importante tem a ver com a luta por recursos. Mas outros itens, tais como o escopo, o cronograma, autorizações, contratos, concorrências, também são objeto de negociação. A finalização do projeto é exposta em um documento que pode ser padronizado, mas que geralmente é construído pelos proponentes.

> **COMENTÁRIO**
> Nesta última etapa procuramos recuperar as ideias, informações e cálculos em uma estrutura única.
> Devemos nos concentrar nos aspectos comuns aos projetos em geral.

Aspectos que podem ser expressos sob a forma de questões simples, mas de resposta nem sempre fácil, perguntas que o analista técnico formula e que devem, necessária e obrigatoriamente, encontrar resposta no documento que contém o projeto são questões importantes. Por mais primárias que essas questões possam parecer, o que se tem observado é que a maioria esmagadora dos projetos não lhes oferece respostas, ou oferece respostas pouco convincentes, razão pela qual grande parte deles não resiste à análise técnica. Serão necessários ajustes caso não seja possível responder com precisão às questões básicas formuladas pelo analista de projetos.

Bibliografia

BARBOSA, Lívia. *Igualdade e meritocracia*: a ética do desempenho nas sociedades modernas. Rio de Janeiro: FGV, 1999.

BARROS, B. T.; PRATES, M. A. S. *O estilo brasileiro de administrar*. São Paulo: Atlas, 1996.

BERGAMINI, Cecília Whitaker. *Motivação*. 3. ed. São Paulo: Atlas, 1990.

BUARQUE, Cristovam. *Avaliação econômica de projetos*: uma abordagem didática. 6. ed. Rio de Janeiro: Campus, 1991.

CARVALHAL, Eugênio do. *Ciclo de vida das organizações*. Rio de Janeiro: FGV, 1999.

CUKIERMAN, Zigmundo Salomão. *O modelo PERT/CPM aplicado a projetos*. 6. ed. Rio de Janeiro: Qualitymark, 1998.

FREITAS, Maria Ester de. *Cultura organizacional*: formação, tipologias e impacto. São Paulo: Makron/McGraw-Hill, 1991.

NADLER, David A.; HACKMAN, J. Richard; LAWLER, Edward E. *Comportamento organizacional*. Tradução de: José Eduardo T. Leite. Rio de Janeiro: Campus, 1983.

ROSS, Stephen A.; WESTERFIELD, Randolph W.; JORDAN, Bradford D. *Princípios de administração financeira*. São Paulo: Atlas, 1998.

SÁ, Antonio Lopes de. *Plano de contas*. 10. ed. São Paulo: Atlas, 2001.

SIMONSEN, Mário Henrique; FLANZER, Henrique. *Elaboração e análise de projetos*. São Paulo: Sugestões Literárias, 1974.

SLACK, Nigel et al. *Administração da produção*. Revisão técnica de: Henrique Corrêa e Irineu Gianesi. São Paulo: Atlas, 1999.

THIRY-CHERQUES, Hermano Roberto. *Modelagem de projetos*. 2. ed. São Paulo: Atlas, 2002.

Sobre os autores

Hermano Roberto Thiry-Cherques é pós-doutor pela Université Paris III – Sorbonne Nouvelle, doutor em ciências pela Coppe/UFRJ, mestre em filosofia pelo Instituto de Filosofia e Ciências Sociais da Universidade Federal do Rio de Janeiro (UFRJ) e graduado em administração pela Escola Brasileira de Administração Pública e de Empresas (Ebape) da Fundação Getulio Vargas. Atua como professor titular da Ebape, *senior researcher* da Universidade de Maryland, College Park e também como professor visitante na Université Paris III – Sorbonne Nouvelle.

Roberto da Costa Pimenta é doutor em administração e mestre e especialista em administração pública pela Ebape/FGV. É engenheiro agrônomo graduado pela Universidade Federal Rural do Rio de Janeiro (UFRRJ). Atua como pesquisador da Ebape no Núcleo de Ética nas Organizações e no Laboratório de Produtividade e Projetos, e também como consultor da FGV em projetos em empresas e organizações governamentais no Brasil.